早わかり 税制改正 のすべて Q&A

令和**7**年度

鹿志村 裕・熊王 征秀
嶋　協・藤曲 武美　［著］

中央経済社

はしがき

　「令和7年度税制改正大綱」は令和6年12月20日に公表され，12月27日に閣議決定された。
　本書は，閣議決定された「令和7年度税制改正大綱」を基本とし，自民党税制調査会等の論議過程で配布された資料，経済産業省，国土交通省等がホームページで公表した税制改正関連資料等を参考にして，令和7年度税制改正の主な特徴，内容を，各税目についての専門家がQ＆A方式でわかりやすく解説したものである。
　令和7年度税制改正の主な項目，特徴等は次のとおりである。
（1）　個人所得課税においては，与党の衆議院における過半数割れに起因して，いわゆる「103万円の壁」について，基礎控除，給与所得控除の引き上げが焦点となり，その余波で「大綱」の決定，公表が12月20日までずれ込んだ。所得税においては，基礎控除，給与所得控除が各10万円引き上げられた。さらに特定親族特別控除制度が創設された。一方，地方自治体の財源問題を考慮して住民税の基礎控除は据え置かれた。
　　これらについては，国民民主党の主張とは隔たりがあり，協議が引き続き行われていることから，今後の国会論議等で修正される可能性に留意されたい。所得税のそれ以外の改正項目としては，子育て支援税制の手当て，エンジェル税制，NISAの見直し，企業年金・個人年金拠出限度額の引き上げ，退職金に関する退職所得控除の調整規定の改正など多くの改正が行われる。
（2）　資産課税では，直系尊属からの結婚・子育て資金の贈与特例が延長された。非上場株式の納税猶予の特例では，役員要件が緩和された。
（3）　法人課税では，中小企業者等の法人税率の軽減税率の特例が延長されるが，10億円以上の所得金額がある法人は適用除外となる。また，中小企業投資促進税制は延長され，中小企業経営強化税制は，売上高100億円企業の育成に向けて拡充される。
　　その他にも地域経済牽引事業の促進区域内における特定事業用機械等

を取得した場合の特別償却率や税額控除率を引き上げる。企業版ふるさと納税は，その活用事業をめぐっての寄附者との癒着を防止する措置を手当てした上で3年延長される。またリース会計基準の改定に伴い，オペレーティングリースの取扱いに関して，会計基準と税制との乖離が生ずることが明らかにされており，実務的には注目される。

（4）　消費税においては，外国人旅行者向け免税制度の見直しについて，不正利用が目立つことから，制度の抜本的な見直しが行われたところであるが，執行面で様々な問題が生じたことから，改めての見直しが行われる。

（5）　国際課税においては，令和6年度からのグローバル・ミニマム課税の適用に向けて，令和5年度税制改正で所得合算ルール（IIR）が導入されているが，令和7年度改正で，令和8年4月からの導入に向けて，軽課税所得ルール（UTPR），国内ミニマム課税（QDMTT）が創設されることになる。

（6）　その他「防衛力強化に係る財源確保のための税制措置」の手当て，納税環境の整備に向けた電子取引データの保存制度の見直しが行われる。

本書は，各種資料，図表に基づきできるだけわかりやすく改正の要点を整理するとともに，改正項目を手早く確認できるように早見表も作成している。

また，いち早く改正内容を皆様にお知らせするべく，令和7年度税制改正大綱をベースに執筆し，改正内容を推定して記述している部分もある。上記したように，今年度改正は，特に所得税の基礎控除や給与所得控除などについて今後の協議等により変更される可能性があることを改めて，注意喚起しておきたい。

本書が，多岐にわたり，かつ複雑な税制改正の内容をいち早く理解する助けになれば幸いである。

　　令和7年2月

　　　　　　　　　　　　　　　　　　　　　　　　　　　　著　者

早わかり令和7年度税制改正のすべてQ&A　CONTENTS

Ⅰ　改正項目と適用期日（早見表）・7

Ⅱ　個人所得課税・27
　　① 物価上昇局面における税負担の調整等への対応関係（103万円の壁対策）……28
　　② 金融所得課税……32
　　③ 子育て支援に関する政策税制……40
　　④ 土地税制関係……44
　　⑤ 租税特別措置法関係……45
　　⑥ その他……48

Ⅲ　資産課税・55
　　① 結婚・子育て資金の一括贈与に係る贈与税の非課税措置の延長……56
　　② 農地等に係る相続税・贈与税の納税猶予制度及び山林に係る相続税の納税猶予制度の見直し……59
　　③ 事業承継税制における要件緩和措置……63
　　④ 災害に係る固定資産税等の特例措置の延長等……66
　　⑤ 物納許可限度額の計算方法の見直し……71
　　⑥ 医業継続に係る納税猶予制度の見直し……75
　　⑦ 相続に係る移転登記等に対する登録免許税の免税措置の延長……78
　　⑧ 農地等の一括贈与に係る不動産取得税の徴収猶予の見直し……80

Ⅳ　法人課税・83
　　① 2025年度法人課税改正の基本的考え方……84

早わかり令和7年度税制改正のすべてQ&A　CONTENTS

  ② 中小企業者等の法人税の軽減税率の特例 *88*
  ③ 中小企業投資促進税制の見直し・延長 *92*
  ④ 中小企業等経営強化税制の見直し・延長 *94*
  ⑤ 地域経済牽引事業の促進区域内において特定事業用機械等を取得した場合
    の特別償却・税額控除の見直し・延長 *101*
  ⑥ 企業版ふるさと納税の見直し・延長 *105*
  ⑦ 再資源化事業高度化設備等の特別償却制度の新設 *106*
  ⑧ リース税制の整備 *107*
  ⑨ 非営利型法人の要件 *111*
  ⑩ その他の改正項目 *113*
  ⑪ その他の租税特別措置法に関する改正 *120*

Ⅴ 消費課税・*123*
  ① 輸出物品販売場制度 *124*
  ② リース譲渡に係る資産の譲渡等の時期の特例制度の廃止と経過措置の創設
     .... *134*

Ⅵ 国際課税・*153*
  ① グローバル・ミニマム課税の推移 *154*
  ② 所得合算ルール（IIR）税制の概要 *157*
  ③ 国際最低課税額（課税標準額）の計算 *160*
  ④ 令和7年度の追加的見直し項目 *162*
  ⑤ 軽課税所得ルール（UTPR）の創設 *163*
  ⑥ 国内ミニマム課税（QDMTT）の創設 *169*

早わかり令和7年度税制改正のすべてQ&A　CONTENTS

　　　7　その他の国際課税における見直し等・・・・・・・・・・・・・・・・・・・・・・・・・・・・・・・・・・・ 177

Ⅶ　納税環境整備・179
　　　1　電子帳簿等保存制度の見直し・・・ 180
　　　2　納税通知書等に係るeLTAX経由での送付・・・・・・・・・・・・・・・・・・・・・・・・・ 184
　　　3　添付書面等記載事項等のスキャナ読取りの見直し・・・・・・・・・・・・・・・・ 186

付録　令和7年度税制改正の大綱　QRコード・188

Ⅰ　改正項目と適用期日（早見表）

令和7年度税制改正の主要項目のポイントと適用期日を表欄形式で明記している。なお，令和7年1月1日以後に適用される令和7年度前の税制改正項目も掲げている。こちらには，▨▨▨ を施している。

■個人所得課税

所得税

項　目	内　容	適用時期
物価上昇局面における税負担の調整への対応（103万円の壁対策）	①　基礎控除額の引上げ 　合計所得金額が2,350万円以下である個人の基礎控除額を10万円引き上げる。 ②　給与所得控除の最低控除額の引上げ 　給与所得控除について，最低保証額を65万円（現行55万円）に引き上げる。 ③　特定親族特別控除（仮称）の創設 　居住者が生計を一にする年齢19歳以上23歳未満の親族等（合計所得金額が123万円以下の場合に限る。）を有する場合には，その居住者の総所得金額から一定額を控除する。	令和7年分以後の所得税について適用。
子育て支援税制の拡充	①　生命保険料控除の拡充 　新生命保険に係る一般生命保険料控除について，居住者が年齢23歳未満の扶養親族を有する場合には，令和8年分における一般生命保険料控除の控除額を最高6万円とする。 ②　住宅ローン控除の拡充 　本特例の対象を個人で，年齢が40歳未満であって配偶者を有する者，40才以上であって40歳未満の配偶者を有する者又は19歳未満の扶養親族を有する者（「子育て特例対象個人」）が，認定住宅等の新築等をして令和7年中に居住の用に供した場合の住宅借入金等の年末残高の限度額（借入限度額）を次のとおりとする。 　（イ）認定住宅　　　　　　5,000万円 　（ロ）ZEH水準省エネ住宅　4,500万円 　（ハ）省エネ基準適合住宅　4,000万円 ※東日本大震災の被災者については，一	①は令和8年分の所得税について適用。 ②，③は令和7年分の所得税について適用。

項　　目	内　　容	適用時期
	律5,000万円 ③　既存住宅リフォーム時の特別控除の拡充 　子育て特例対象個人が，所有する居住用家屋に一定の子育て対応改修工事をし，令和7年中に居住の用に供した場合には，その工事に係る工事費用相当額（250万円が限度）の10％を所得税額から控除する。 ※一定の子育て対応改修工事とは，住宅内における子供の事故を防止するための工事や対面式キッチンへの交換工事，間口部の防犯性を高める工事などで50万円を超えるもの（補助金控除後）等一定の要件を満たすものをいう。	
退職所得控除の調整規定等の見直し	退職手当等（老齢一時金を除く）の支払いを受ける年の前年以前9年内（改正前：4年内）に老齢一時金（DC一時金）の支払いを受けている場合には，その老齢一時金について，退職所得控除額の計算における勤続期間等の重複排除の特例の対象とする。	令和8年1月1日以後に老齢一時金の支払いを受ける場合であって，同日以後退職手当等を取得する際について適用する。

■資産課税

相続税・贈与税

項　目	内　容	適用時期
直系尊属から結婚・子育て資金の一括贈与を受けた場合の贈与税の非課税措置の延長	適用期限を2年延長して、令和9年3月31日までとする。	
農地等に係る相続税・贈与税の納税猶予制度及び山林に係る相続税の納税猶予制度の見直し	農地等に係る相続税・贈与税の納税猶予制度における営農困難時貸付け及び山林に係る相続税の納税猶予制度における特例山林の経営委託の適用を受けることができる事由に、介護医療院へ入所したことを加える。	
個人版事業承継税制の見直し	個人の事業用資産に係る贈与税の納税猶予制度における事業従事要件について、現行の贈与の日まで引き続き3年以上である要件を、贈与の直前において特定事業用資産に係る事業に従事していたことに見直す。	令和7年1月1日以後に贈与により取得する財産に係る贈与税について適用する。
法人版事業承継税制の見直し	非上場株式等に係る贈与税の納税猶予の特例制度における役員就任要件について、現行の贈与の日まで引き続き3年以上である要件を、贈与の直前において特例認定贈与承継会社の役員等であることに見直す。	令和7年1月1日以後に贈与により取得する財産に係る贈与税について適用する。
相続税の物納制度における物納許可限度額計算の見直し	相続税の物納制度における物納許可限度額等について、物納許可限度額の計算の基礎となる延納年数は納期限等における申請者の平均余命の年数を上限とする等の見直しを行う。	
医業継続に係る相続税・贈与税の納税猶予制度の見直し	医療法人の移行計画の認定要件について、次の見直しが行われた後も、その見直し後の認定医療法人について、医業継続に	

項　目	内　　容	適用時期
	係る相続税・贈与税の納税猶予制度等を適用する。 (1)　社会保険診療等に係る収入金額の合計額が全収入金額の100分の80を超えることとの要件について，社会保険診療等に係る収入金額の範囲に補助金等に係る収入金額を加えるとともに，計算の基礎となる全収入金額を医療保健業務による収入金額とする。 (2)　医療診療による収入金額が患者のために直接必要な経費の額に100分の150を乗じて得た額の範囲内であることとの要件について，現行の医療診療による収入金額及び患者のために直接必要な経費の額の範囲に係る取扱いを法令上明確化するとともに，その収入金額の範囲に補助金等に係る収入金額を加える。	

固定資産税等

項　目	内　　容	適用時期
中小事業者等が取得する生産性向上や賃上げに資する一定の機械・装置等に係る固定資産税の課税標準の特例措置の見直し	中小企業等経営強化法に規定する先端設備等導入計画に基づき，中小事業者等が取得する生産性向上や賃上げに資する一定の機械・装置等に係る固定資産税の課税標準の特例措置について，次の見直しを行った上，その適用期限を2年延長する。 ①　対象資産を雇用者給与等支給額の引上げの方針を位置づけた同計画に基づき取得する一定の機械・装置等に限定する。 ②　その機械・装置等に係る課税標準を，	

項　目	内　容	適用時期
	次のとおりとする。 イ　雇用者給与等支給額を1.5％以上引き上げる方針を同計画に位置づけた場合　最初の3年間価格の2分の1 ロ　雇用者給与等支給額を3％以上引き上げる方針を同計画に位置づけた場合　最初の5年間価格の4分の1	
令和2年7月豪雨に係る固定資産税・都市計画税の特例措置等の延長	(1)　令和2年7月豪雨により滅失・損壊した償却資産に代わるものとして一定の被災地域内で令和7年4月1日から令和9年3月31日までの間に取得等をした償却資産に係る固定資産税については、被災代替償却資産に係る固定資産税の課税標準の特例措置を引き続き適用できることとする。 (2)　令和7年度分及び令和8年度分の令和2年7月豪雨による被災住宅用地等に係る固定資産税及び都市計画税については、被災住宅用地等に係る固定資産税及び都市計画税の特例措置を引き続き適用できることとする。 (3)　令和2年7月豪雨により滅失・損壊した家屋に代わるものとして一定の被災地域内で令和7年4月1日から令和9年3月31日までの間に取得等をした家屋に係る固定資産税及び都市計画税については、被災代替家屋に係る固定資産税及び都市計画税の減額措置を引き続き適用できることとする。	
平成28年熊本地震,平成30年7月豪雨	(1)　平成28年熊本地震による被災住宅用地等に係る固定資産税及び都市計画	

項　目	内　容	適用時期
に係る固定資産税・都市計画税の特例措置等の廃止	税の課税標準の特例措置を廃止する。 (2)　平成28年熊本地震により滅失・損壊した家屋に代わるものとして一定の被災地域内で取得等をした家屋に係る固定資産税及び都市計画税の減額措置を廃止する。 (3)　平成30年7月豪雨により滅失・損壊した償却資産に代わるものとして一定の被災地域内で取得等をした償却資産に係る固定資産税の課税標準の特例措置を廃止する。 (4)　平成30年7月豪雨による被災住宅用地等に係る固定資産税及び都市計画税の課税標準の特例措置を廃止する。 (5)　平成30年7月豪雨により滅失・損壊した家屋に代わるものとして一定の被災地域内で取得等をした家屋に係る固定資産税及び都市計画税の減額措置を廃止する。	

登録免許税・不動産取得税

項　目	内　容	適用時期
相続に係る所有権の移転登記等の登録免許税の免税措置の延長	相続に係る所有権の移転登記等に対する登録免許税の免税措置の適用期限を2年延長する。	
農地等の生前一括贈与に係る不動産取得税の徴収猶予制度の見直し	農地等の生前一括贈与に係る不動産取得税の徴収猶予制度について、営農困難時貸付けの適用を受けることができる事由に、農業に従事することが困難な故障として介護医療院への入所を加える。	

■法人課税

項　　目	内　　容	適用期日
イノベーションボックス税制の創設（措法新設）	青色申告書を提出する法人が，次の①又は②を行った場合には， ① 居住者若しくは内国法人（関連者であるものを除く。）に対する特定特許権等の譲渡 ② 他の者（関連者であるものを除く。）に対する特定特許権等の貸付け（以下「特許権譲渡等取引」という。） 　これらの所得金額の30％に相当する金額を損金算入できるようにする。	令和7年4月1日から令和14年3月31日までの間に開始する各事業年度に適用。
法人事業税・外形標準課税に関するに関する見直し（地法72の24の6・7関係）	大企業による減資等による法人事業税・外形標準課税逃れを考慮した見直しは，次の2つの見直しが行われる。 ① 大企業の減資による外形標準課税逃れへの対応・見直し ② 大企業の100％子法人による外形標準課税逃れへの対応・見直し	① 令和7年4月1日に施行し，同日以後に開始する事業年度から適用する。 ② 令和8年4月1日に施行し，同日以後に開始する事業年度から適用する。
中小企業者等の法人税の軽減税率の特例（措法42の3の2）	措置法の「法人税の軽減税率の特例」は，今改正により適用期限が2年間延長され，引き続き令和7年4月1日以後令和9年3月31日までに開始する事業年度について適用があることとされる。法人税の軽減税率の特例については，2年間延長されるとともに，次のような一定の見直しが行われる。 ① 所得の金額が年10億円を超える事業年度について，所得の金額のうち年800万円以下の金額に適用される税率を17％（現行：15％）に引き上げる。	令和7年4月1日以後に開始する事業年度において適用。

項　　目	内　　容	適用期日
	②　適用対象法人の範囲から通算法人を除外する。	
中小企業事業再編投資損失準備金制度の拡充・延長（措法56）	中小企業投資促進税制（措法42の6）については，適用期限が2年延長され，さらに次の見直しが行われる。判定対象である法人が農地法に規定する農地所有適格法人である場合で，かつ，一定の承認会社がその農地所有適格法人の発行済株式等の総数等の50％を超える数の株式等を有する場合におけるその株式又は出資を除外する。	令和7年4月1日以後に開始する事業年度において適用。
中小企業経営強化税制（措法42の12の4）	中小企業経営強化税制は，A類型からD類型の4類型からなっていたが，令和7年度の改正により，次の見直しが行われた上で，2年間の延長がされる。 ①　C類型を廃止し，B類型について一定の見直しを行う。 ②　B類型の見直しは，売上100億円企業の創出を促進するための措置として，事業計画の作成・認定を要件として，設備取得に建物も含めて，新たに特別償却，税額控除を認めることとする。	令和7年4月1日以後に開始する事業年度において適用。
地域経済牽引事業の促進区域内において特定事業用機械等を取得した場合の特別償却・税額控除の見直し・延長（措法42の11の2）	特別償却率を50％，税額控除率を5％に，それぞれ引き上げる措置が適用できるものを追加する。 本措置の対象である直前事業年度における付加価値額の増加率が8％以上である場合について，その要件にその承認地域経済牽引事業が1億円以上の付加価値額を創出すると見込まれるものなどであることを加える。	令和7年4月1日以後に開始する事業年度において適用。
企業版ふるさと納税制度（措法42の12の2）	寄附企業との癒着等を防止するための，次のような一定の措置を手当てした上で3年延長される。	令和7年4月1日以後に開始する事業年度において適用。

項　　目	内　　容	適用期日
	寄附活用事業の完了の時及び各会計年度終了の時に，寄附活用事業を適切に実施していることを確認した書面（「確認書面」）を内閣総理大臣に提出しなければならないこととする。	
再資源化事業高度化設備等の特別償却制度（措法・新設）	青色申告書を提出する法人で資源循環の促進のための再資源化事業等の高度化に関する法律の高度再資源化事業計画又は高度分離・回収事業計画の認定を受けたものが，同法の施行の日から令和10年3月31日までの間に，再資源化事業等高度化設備の取得等をして，その法人の高度再資源化事業又は高度分離・回収事業の用に供した場合には，その取得価額の35％の特別償却ができることとする。	資源化事業等の高度化に関する法律の施行の日から令和10年3月31日まで。
① 新リース会計基準に対する対応 ② リース譲渡に係る収益及び費用の帰属事業年度の特例（法法63関係）など	① 新リース会計基準（企業会計基準第34号「リースに関する会計基準」，企業会計基準適用指針第33号等）の公表に対して，法人が各事業年度にオペレーティング・リース取引によりその取引の目的となる資産の賃借を行った場合において，その取引に係る契約に基づきその法人が支払う金額があるときは，その金額のうち債務の確定した部分の金額は，その確定した日の属する事業年度に損金算入する。 ② （リース譲渡）を行った場合については，リース譲渡に係るリース収益の額，費用の帰属事業年度の特例（法法63）は，令和7年4月1日から令和9年3月31日までの間に開始する事業年度において延払基準の適用をやめた場合の繰延リース利益額を5年均等で収益計上する等の経過措置が手当てされて廃止される。	令和7年4月1日以後に行われるリース取引について適用。

項　　目	内　　容	適用期日
	③　リース期間定額法の計算において取得価額に含まれている残価保証額を控除しないこととし，リース期間経過時点に1円（備忘価額）まで償却できることとする。	

＊主な改正項目は上記のとおりです。その他の措置法項目等については本文の一覧表をご覧ください。

■消費課税

消費税

項目	内容	適用期日
輸出物品販売場制度	リファンド方式の創設	免税となる消費税相当額は、輸出物品販売場を経営する事業者から免税購入対象者に対して返金する（リファンド方式）。	令和8年11月1日から施行する。
	免税成立時期の明確化	免税購入対象物品の購入日から90日以内に出港地の税関長による確認を受けたときは、「税関確認情報」を輸出物品販売場の経営者が保存することを要件として、その免税対象物品の譲渡について、消費税を免除する。	
	免税対象物品の範囲の見直し	・消耗品に対する50万円の購入上限額と特殊包装を廃止するとともに、一般物品と消耗品の区分を廃止する。 ・免税の対象とならない「通常生活の用に供しないもの」の要件を廃止するとともに、金地金などを免税対象外物品として個別に定める。	
	免税購入対象者の要件確認手続の見直し	・船舶観光上陸許可等により上陸する者については、上陸許可書及び旅券の提示を求めることとし、輸出物品販売場の経営者は、旅券番号に基づき購入記録情報を提供する。 ・在外邦人の証明書類に個人番号カードを追加することとし、現行の証明書類については本籍の地番の記載を不要とする。また、輸出物品販売場の経営者は、証明書類の種類及び国外転出等をした日を購入記録情報として送信することとし、その証明書類の保存を不要とする。	
	新制度の適正な運用のための措置等	・100万円（税抜き）以上の免税対象物品については、購入記録情報の送信事項にその免税対象物品を特定するための情報（シリアルナンバー等）を加える。 ・いわゆる「直送」による免税販売方式については、輸出免税制度（消費税法7条）により消費税を免除することができることとする。	

項　目	内　容	適用期日
免税店の許可要件の緩和と取消要件の追加	・いわゆる「別送」をした場合の配送書類等の確認で免税とする取扱いを廃止する。	令和7年4月1日より廃止する。
	・一般型輸出物品販売場と手続委託型輸出物品販売場の許可の区分を廃止して所定の見直しを行う。 ・輸出物品販売場の許可の取消要件に、購入記録情報の提供状況等が税関長の確認に支障があると認められる場合を加える。	令和8年11月1日から施行する。
	・基地内輸出物品販売場制度を廃止する。	
その他	・リース譲渡に係る資産の譲渡等の時期の特例制度を廃止し、経過措置を創設する。 ・別表第三法人を追加し、他の法律の改正に伴う取扱いを整備する。 ・資産の譲渡等の範囲に、改正後の放送法に規定する配信で、「法律により受信者がその締結を行わなければならないこととされている契約に基づき受信料を徴収して行われるもの」を加える。 ・金又は白金の地金の課税仕入れに係る仕入税額控除の要件である本人確認書類にカード代替電磁的記録を加える。 ・部隊間協力円滑化協定に基づき輸入する公用品等及び国内で航空機に積み込む航空機燃料に対する消費税を免除する。	

租税特別措置法（抄）

	項　目	内　容
国税	たばこ税の税率	入国者が輸入する紙巻たばこのたばこ税の税率の特例期限の1年延長。
	自動車重量税率	新車新規登録から13・18年を経過した検査自動車の特例措置について、車検制度の見直しに伴う規定の整備を行う。
地方税	軽自動車税種別割の税率	原動機付自転車のうち、二輪のもので、総排気量が125cc以下かつ最高出力が4.0kW以下のものの税率を2,000円とする。
	自動車税環境性能割	・都道府県の条例で定める路線の運行の用に供する一般乗合用のバスについて、非課税措置の適用期限を2年延長する。 ・一定のノンステップバスなどに適用されている課税標準の特例措置の適用期限を2年延長するとともに、期限延長に伴う所要の

項目	内容
	措置を講ずる。 ・所定の設備を施したバス・トラックなどに適用されている課税標準の特例措置の適用期限を2年延長する。
軽油引取税	日伊物品役務相互提供協定に基づきイタリア共和国の軍隊の船舶の動力源に供するため譲渡する軽油について、課税免除の特例措置の対象とする。

その他（抄）

	項目	内容
国税	内国消費税及び航空機燃料税	部隊間協力円滑化協定に基づき輸入する公用品等及び国内において航空機に積み込む航空機燃料については、既存の同種の協定において認められる範囲内でこれらの物品に係る内国消費税及び航空機燃料税を免除する。
	酒税	特定農業者については、引き続き現行の構造改革特別区域法に規定する酒税法の特例を適用する。
地方税	自動車税及び軽自動車税	部隊間協力円滑化協定に基づき取得し、又は所有する自動車等に係る自動車税及び軽自動車税については、既存の同種の協定において認められる範囲内で非課税とする等の所要の措置を講ずる。
	軽油引取税	部隊間協力円滑化協定に基づき軽油の輸入をする場合及び国内において軽油の引取りを行う場合については、既存の同種の協定において認められる範囲内で軽油引取税を免除するほか、所要の措置を講ずる。
		免税軽油を使用する鉄道事業・軌道事業を営む者が、非化石エネルギーへの転換のための措置として、鉄道用車両又は軌道用車両の燃料タンクにバイオディーゼル燃料等を給油し、当該鉄道用車両又は当該軌道用車両の動力源の燃料として消費する場合について、次の措置を講ずる。 ①製造の承認を受ける義務を免除する。 ②軽油引取税のみなす課税を適用しないこととする。 ③その他所要の措置を講ずる。

■国際課税

項　　目	内　　容	適用期日
「各対象会計年度の国際最低課税残余額に対する法人税（UTPR）」の創設	内国法人又は外国法人のうち特定多国籍企業グループ等に属する恒久的施設等（その所在地国がわが国であるものに限る。）を有する構成会社等である場合には、「各対象会計年度の国際最低課税残余額に対する法人税」が創設される。	令和8年4月1日以後に開始する課税対象会計年度について適用。
特定基準法人税額に対する地方法人税の見直し	特定基準法人税額に対する地方法人税について、その課税の対象に特定多国籍企業グループ等に属する構成会社等である法人の各対象会計年度の国際最低課税残余額に対する法人税の額（附帯税を除く。）を加え、その名称を「国際最低課税額等に係る特定基準法人税額に対する地方法人税（仮称）」に改める。	令和8年4月1日以後に開始する課税対象会計年度について適用。
「各対象会計年度の国内最低課税額に対する法人税（QDMTT）」の創設	グローバル・ミニマム課税で先行する「所得合算ルール（IIR）」に続き、令和7年度に「国内ミニマム課税（QDMTT）」が創設される。 QDMTTの名称は、「各対象会計年度の国内最低課税額に対する法人税（仮称）」とされる。	令和8年4月1日以後に開始する対象会計年度から適用。
「国内最低課税額に係る特定基準法人税額に対する地方法人税」の創設	特定多国籍企業グループ等に属する構成会社等である法人又は特定多国籍企業グループ等に係る共同支配会社等である法人の各課税対象会計年度の国内最低課税額に係る特定基準法人税額には、国内最低課税額に係る特定基準法人税額に対する地方法人税を課する。	令和8年4月1日以後に開始する課税対象会計年度から適用。

項　　目	内　　容	適用期日
外国子会社合算税制の見直し（措法66の6関係）	内国法人に係る外国関係会社の各事業年度に係る課税対象金額等に相当する金額は、その内国法人の収益の額とみなして、その事業年度終了の日の翌日から4月（現行：2月）を経過する日を含むその内国法人の各事業年度の所得の金額の計算上、益金の額に算入する。	令和7年4月1日以後に開始する事業年度に係る外国関係会社の課税対象金額等（その外国関係会社の同年2月1日以後に終了する事業年度に係るものに限る。）について適用。

＊主な改正項目は上記のとおりです。その他の項目については本文の一覧表などをご覧ください。

■納税環境整備

項　目	内　　容	適用時期
隠蔽し，又は仮装された事実に基づき更正請求書を提出していた場合の重加算税制度の整備	（1）過少申告加算税又は無申告加算税に代えて課される重加算税の適用対象に，隠蔽し，又は仮装された事実に基づき更正請求書を提出していた場合を加える。 （2）偽りその他不正の行為により国税を免れた場合等に，延滞税の計算期間から一定の期間を控除する特例が不適用となる措置について，隠蔽し，又は仮装された事実に基づき更正請求書を提出していた一定の場合が対象となることを明確化する運用上の対応を行う。	この改正は，令和7年1月1日以後に法定申告期限等が到来する国税について適用する。
偽りその他不正の行為により国税を免れた株式会社の役員等の第二次納税義務の整備	偽りその他不正の行為により国税を免れ，又は国税の還付を受けた株式会社等が，その国税を納付していない場合において，徴収不足であると認められるときは，その偽りその他不正の行為をしたその株式会社の役員等（その役員等を判定の基礎となる株主等として選定した場合にその株式会社等が被支配会社に該当する場合におけるその役員等に限る。）は，次のいずれか低い額を限度として，その滞納に係る国税の第二次納税義務を負うこととする。 ・偽りその他不正の行為により免れ，若しくは還付を受けた国税の額 ・株式会社等の財産のうち，その役員等が移転を受けたもの及びその役員等が移転をしたものの価額	この改正は，令和7年1月1日以後に滞納となった一定の国税について適用する。
保全差押え等を解除しなければならない期限の整備	納税義務があると認められる者が不正に国税を免れたことの嫌疑等に基づき一定の処分を受けた場合における保全差押金額を限度とした保全差押え又はその保全差押金額について提供されている担保に係る国税について，その納付すべき額の確定がない場合におけるその保全差押え	この改正は，令和7年1月1日以後にされる保全差押金額の決定について適用する。

項　目	内　　容	適用時期
	又は担保を解除しなければならない期限を，その保全差押金額をその者に通知をした日から1年（現行：6月）を経過した日までとする。	
電子帳簿等保存制度の見直し	電子取引の取引情報に係る電磁的記録の保存制度について，次の見直しを行う。 (1)　申告所得税，法人税及び消費税における電子取引の取引情報に係る電磁的記録に記録された事項に関し，隠蔽し，又は仮装された事実に基づき期限後申告等があった場合におけるその記録された事項に関し生じた申告漏れ等に課される重加算税の割合を10%加重する措置の対象から，特定電磁的記録であって，その保存が今回の改正で掲げる要件を満たしている場合におけるその特定電磁的記録を除外する。 (2)　上記(1)の改正に伴い，所得税の青色申告特別控除の控除額65万円の適用要件について，一定の要件を満たす電磁的記録の保存等を行っていることに代えて，特定電子計算機処理システムを使用するとともに，電子取引の取引情報に係る電磁的記録のうちその保存がその特定電子計算機処理システムを使用して上記(1)の要件を満たすことができるものはその要件に従って保存を行っていることとすることを可能とする。	(1)の改正は令和9年1月1日以後に法定申告期限等が到来する国税について適用し，(2)の改正は令和9年分以後の所得税について適用する。
納税通知書等に係るeLTAX経由での送付	地方税関係通知のうち，固定資産税，都市計画税，自動車税種別割及び軽自動車税種別割の納税通知書等について，電子的に副本を送付することができるよう，次の措置を講ずる。 (1)　納税通知書等を受けた者が電磁的方法による提供を希望する旨の申出をしたときは，地方公共団体は，その納税通知書等により通知した事項を，eLTAXを経由し，その申出をした者に提供することができること	この改正は，法人に対して送達する納税通知書等については令和9年4月1日以後に送達するものから，個人に対して送達する納税通知書等

項　目	内　　容	適用時期
	とする。 (2) 過去に上記（1）の申出をした者に対して，同種の納税通知書等を送達するときは，地方公共団体は，その納税通知書等により通知する事項を，eLTAXを経由し，その者に提供することができることとする。	については令和10年4月1日以後に送達するものから，それぞれ適用する。
添付書面等記載事項等のスキャナ読取り等の要件の見直しによるe-Taxの利便性の向上	e-Taxにより，申請書面等に記載すべき事項及び添付書面等に記載されている事項又は記載すべき事項を，スキャナによる読取り等により作成した電磁的記録を送信する場合等の要件について，次の措置を講ずる。 ① その読取り等の要件を白色から黒色までの階調が256階調以上であること（現行：赤色，緑色及び青色の階調がそれぞれ256階調以上であること）とする。 ② そのファイル形式にJPEG（JPG）形式を加える。	②の改正は，令和10年1月1日から施行する。
刑事手続のデジタル化との一体性に配慮した国税犯則調査手続（地方税犯則調査手続）の見直し	刑事手続のデジタル化の実現のための法整備を前提として，令和8年度税制改正において，刑事手続のデジタル化との一体性に配慮しつつ，国税犯則調査手続（地方税犯則調査手続）のデジタル化に対応するための制度の詳細について結論を得る。	
法人税に関して閲覧等できる関係書類の範囲の拡大	令和6年度税制改正により，外形標準課税の適用対象法人が見直されたことに伴い，地方公共団体が法人事業税の賦課徴収において閲覧等できる法人税に関する関係書類の範囲に，国内に恒久的施設を持たない外国法人であって事業税の納税義務者との間に完全支配関係があると認められる者に係る関係書類を追加する。	この改正は，令和8年4月1日から施行する。

Ⅱ 個人所得課税

① 物価上昇局面における税負担の調整等への対応関係（103万円の壁対策）

Q-1　基礎控除の引上げの趣旨

今年度改正で行われた，基礎控除の引上げはどのような狙いで行われたものか。

A

現在の控除額（38万円）となった1995年当時と比較した食料や光熱費など生活に欠かせない品目の物価上昇を考慮したものである。

Q-2　改正内容

所得税の基礎控除は，今年度改正で具体的にどのようになるのか。

A

合計所得金額が2,350万円以下である個人の控除額を10万円引き上げる。これによって，改正後の基礎控除額は次のようになる。

＜基礎控除額＞

所　得　金　額（本　人）	基　礎　控　除　額
合計所得金額が2,350万円以下	58万円
合計所得金額が2,350万円超　2,400万円以下	48万円
合計所得金額が2,400万円超　2,450万円以下	32万円
合計所得金額が2,450万円超　2,500万円以下	16万円
合計所得金額が2,500万円超	―

なお，この改正は令和7年分以後の所得税について適用される。改正に伴い生じる公的年金等につき源泉徴収された所得税の額に係る超過額については，公的年金等の支払者から還付等する措置が講じられる。

Q-3　その他の注意点

上記の改正内容について，注意することはあるか。

A

税制改正大綱では，住民税の基礎控除については触れられていないため，所得税のみの引上げになると考えられる。

Q-4　給与所得控除の最低保証額の引上げの趣旨

今年度改正で行われた，給与所得控除の最低保証額の引上げはどのような狙いで行われたものか。

A

給与所得控除額は，基本的に給与が増えると控除額も増加するが，給与所得控除の最低保証額である55万円が適用される者については，控除額が変わらず，物価上昇等により実質的な税負担が増えていることを考慮したものである。

Q-5　改正内容

今回の改正で，給与所得控除額は具体的にどのようになるのか。

A

給与所得控除について，現行55万円の最低保証額を65万円に引き上げる。

これによって，改正後の給与所得控除額は次のようになる。

給与収入金額		給与所得控除額
	65万円以下	全額
65万円超	190万円以下	65万円
190万円超	360万円以下	収入金額×30％＋80,000円
360万円超	660万円以下	収入金額×20％＋440,000円
660万円超	850万円以下	収入金額×10％＋1,100,000円
650万円超		195万円

なお，本改正は給与収入が190万円超の場合については変更がないため，影響があるのは給与収入が190万円以下の者に限られることとなる。この改正は，令和7年分以後の所得税について適用する。

Q-6　特定親族特別控除（仮称）の創設

今年度改正で新たに創設される特定親族特別控除はどのような狙いで行われたものか。

A

わが国の恒久的な人手不足の状態においても，親等の扶養控除適用のために，特に大学生のアルバイトの就業拡大について，税制が影響しているという指摘を考慮して設けられたものである。

Q-7　制度の内容

特定親族特別控除はどのような仕組みか教えてほしい。

A

居住者が生計を一にする年齢19歳以上23歳未満の親族等（その居住者の

配偶者及び青色事業専従者を除くものとし，合計所得金額が123万円以下である者に限る。）で，控除対象扶養親族に該当しないものを有する場合には，その居住者のその年分の総所得金額等から次の金額を控除する。

親族等の合計所得金額		控除額
58万円以下	（特定扶養親族のケース）	63万円
58万円超	85万円以下	63万円
85万円超	90万円以下	61万円
90万円超	95万円以下	51万円
95万円超	100万円以下	41万円
100万円超	105万円以下	31万円
105万円超	110万円以下	21万円
110万円超	115万円以下	11万円
115万円超	120万円以下	6万円
120万円超	123万円以下	3万円

※　改正前は，親族等の合計所得金額が48万円（給与収入の場合103万円）に限って63万円の特定扶養親族控除が受けられており，それを超える場合には控除額はゼロであった。

改正後は，親が特定親族特別控除を満額受ける際の親族（子等）の給与収入の上限は150万円（85万円＋65万円）であり，給与収入188万円（123万円＋65万円）までは控除の対象となる。

この改正は令和7年分の所得税について適用される（令和7年分の年末調整で適用することができる）。

Q-8 上記物価上昇局面における税負担の調整等への対応に伴う所要の要件の見直し

今回の基礎控除と給与所得控除の改正及び特定親族特別控除の創設に伴って見直された要件はどのようなものがあるか。

A

今回の改正に伴い，次の見直しが行われる。

① 配偶者控除の対象となる配偶者及び扶養親族の合計所得金額要件を58万円（改正前：48万円）に引き上げる。
② ひとり親の生計を一にする子の総所得金額の合計額の要件を58万円以下（改正前：48万円）に引き上げる。
③ 勤労学生控除の対象となる学生等の合計所得金額要件を85万円以下（改正前：75万円）に引き上げる。
④ 家内労働者等の事業所得等の所得計算の特例について，必要経費に算入する金額の最低保障額を65万円（改正前：55万円）に引き上げる。

② 金融所得課税

Q-9 エンジェル税制（スタートアップ支援税制）の拡充

今回の改正で，エンジェル税制（スタートアップ支援税制）はどのように見直されたのか。

A

1 エンジェル税制（スタートアップ支援税制）の再投資期間要件の見直し

エンジェル税制は，個人投資家等が起業して間もない将来性のある一定

の非上場の中小企業に投資した場合，その投資金額に応じて税制上優遇される制度で，いわばベンチャー企業への投資を促進する「ベンチャー投資促進税制」である。

令和5年度税制改正において，スタートアップ企業（新たなアイディアをビジネスにすることで市場を開拓する企業）も，ベンチャー企業と同様に実績がないことで，資金調達に苦労することが多いことから，可能性のあるスタートアップへの投資を促進するために制度が拡充されていた。

しかしながら，この制度では，スタートアップへの投資原資となる株式を譲渡した年中に投資を行わなければないという時間的な問題が生じていた。

そこで，運用上の弾力性を考慮し，スタートアップに対する再投資期間の要件について，一定の手続きを要件に，株式譲渡益が発生した翌年末まで延長することとしたものである。

スタートアップへの投資に係る税制措置（全体像）

(1) 投資段階での優遇

優遇措置①（課税を行わない措置） 〔令和5年度改正（新設）〕
- Ⓐ 自己資金による創業
- Ⓑ プレシード・シード期のスタートアップ(注)へのエンジェル投資（対象企業：設立5年未満等）
- 保有する株式を売却し、Ⓐ・Ⓑのスタートアップへの再投資を行った場合、再投資分にあたる譲渡益課税を行わない（上限20億円の超過分は課税繰延）。（令和5年4月1日以降の再投資について適用）

(注)プレシード・シード期のスタートアップとは、現行エンジェル税制の対象企業である未上場ベンチャー企業のうち、①設立5年未満、②前事業年度まで売上が生じていない又は売上が生じているが前事業年度の試験研究費等が出資金の30%超、③営業損益がマイナス、等という状況であることを指す。

優遇措置②（課税の繰延）（対象企業：設立10年未満等）
- スタートアップへの投資額をその年の株式譲渡益から控除
 ※控除対象となる投資額の上限なし。
 ※新たに取得したスタートアップ株式の取得価額は、上記控除額をその取得に要した額から差し引いた額とする。

⇔ 選択適用 ⇔

優遇措置③（課税の繰延）（対象企業：設立5年未満等）
- （スタートアップへの投資額－2,000円）をその年の総所得金額から控除
 ※控除対象となる投資額の上限は、総所得金額×40%と800万円のいずれか低い方。
 ※新たに取得したスタートアップ株式の取得価額は、上記控除額をその取得に要した額から差し引いた額とする。

※1 上記優遇措置の対象となる企業は、事業実態の確認等の観点からそれぞれ一定の要件を満たす必要がある。
※2 投資方法としては、民法上の組合及びファンド経由の投資も含まれる。また、認定ファンド及び認定クラウドファンディング経由の場合は、投資先企業に係る一部の要件が免除される。

(2) 譲渡段階での優遇
- 上記スタートアップ株式の売却により損失が生じたときは、その年の他の株式譲渡益からその損失額を控除可能。
- さらに、控除しきれなかった損失額については、翌年以降3年間にわたって、繰越控除が可能。
 ※ベンチャー企業が上場しないまま、破産、解散をして株式の価値がなくなった場合にも、同様に3年間の繰越控除が可能。

▷ 併せて、上記(1)(2)の措置につき、以下の要件緩和を実施 〔令和5年度改正〕
 Ⓐ 自己資金による創業：同族要件を満たせない場合であっても、事業実態（販管費対出資金比率30%超等）が認められれば適用可能
 Ⓑ プレシード・シード期のスタートアップへのエンジェル投資：外部資本要件を1/6以上から1/20以上に引下げ（優遇措置②③についても同様）

（出所） 経済産業省 令和5年度税制改正資料

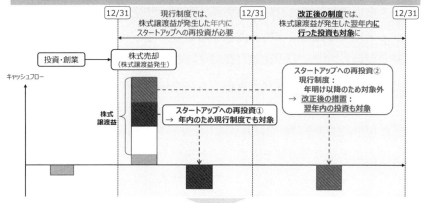

(出所) 経済産業省　令和7年度税制改正資料

2　繰戻し還付制度の創設

　令和8年1月1日以後に特定株式[注1]を払込みにより取得した居住者等は、その年において生じた特定株式控除未済額[注2]がある場合には、所轄税務署長に対し、その年分の前年分の所得税額のうち当該特定株式控除未済額に対応する分の金額の還付を請求することができることとする。

(注1)　特定株式とは、中小企業等経営強化法第6条に規定する特定新規株式会社に該当する株式会社の株式、内国法人のうち設立の日以後10年を経過していない中小企業者に該当する会社の株式で一定の要件を満たすもの等をいう。

(注2)　特定株式控除未済額とは、その年中に払込みにより取得した特定株式に係る取得価額（20億円が限度）からその年分の一般株式に係る譲渡所得等の金額と上場株式等に係る譲渡所得等の金額との合計額を控除した金額をいう。

(注3)　この措置は、その年の前年分の申告書に、特定新規中小企業者に該当する株式会社等により発行される特定株式をその年中に払込みにより取得をする見込みであ

る旨その他の事項を記載している他の事項を記載した書類を添付して，その提出期限までに提出している等の要件を満たす場合に限り，適用できることとする。
（注4）令和8年1月1日以降，本特例を受けて特定株式を取得した居住者がその翌年中にその特定株式を譲渡した場合には，特定株式の取得価額は，その取得に要した金額から，スタートアップ投資額と適用特定株式控除未済額の合計額を控除した金額となる。

Q-10 NISAの利便性向上

今回の改正で，NISA制度の利便性向上のための見直しがされたと聞く。具体的にどのような見直しがされたのか。

A

令和6年1月から新たなNISA制度が開始し，口座数も順調に増加するなど，NISA制度は国民の安定的な資産形成の手段の1つとして受けられつつある。そこで，さらにNISA制度を支援していくために，利便性の向上を図る必要があることから，次の見直しが行われる。

1 つみたて投資枠におけるETFの要件見直し

つみたて投資枠でETF（上場投資信託）へ投資する場合，投資最低額を低くするほど少額からの投資が可能となるが，改正前の1千円の要件は買付金額としては小さすぎるため，証券会社等による取扱いが進んでいないという現状があったこと等を考慮して，現実的な要件に見直したものである。

◆ **NISAの利便性向上等**〔金融庁〕

◎ つみたて投資枠で投資可能なETFに係る要件の見直し

【大綱の概要】
○ 従来の買付方法(定額買付※1)に加えて、設定金額内で取得可能な最大口数での買付を可能とする。
○ 上記の最大口数買付による場合の対象商品の要件を以下のとおり設定する。
  ・ 届出前1か月間の平均及び届出前営業日の公表最終価格1万円以下
  ・ 一定の場合を除き、届出後の公表最終価格が3万円以下
○ 従来の買付方法(定額買付)による最低取引単位(※2)を「1千円以下」から「1万円以下」に引き上げる。

＜金融庁注＞
※1 一定額での定期買付(定額買付)を可能とするには、市場の取引単位(口数単位)での買付けと異なり、証券会社等のシステム構築が必要なため、現状、つみたて投資枠で投資可能なETFの取扱が限定的。
※2 顧客が取引を開始できる最低額。低く設定する程、少額からの投資が可能となるが、「1千円以下」の要件は、買付金額としては小さすぎるため、現状、証券会社等による取扱が進んでおらず、却って顧客の利便性を損なうこととなっていた。

○ 新たに可能とする買付方法(設定金額内の最大口数買付)

＜顧客の積立設定内容(例)＞
毎月3万円で買付可能な口数を買付

市場価格が1口4,000円のとき
7口買付(2.8万円分)

(注)買付方法の説明のため内容を簡略化しており、実際の買付結果等とは異なる場合がある。

【対象商品の要件】
・届出時の市場価格を1万円以下
・届出後の市場価格を3万円以下

少額からの投資を可能としつつ、多様な商品提供を促すための新たな要件を設定

⇒ こうした買付方法の柔軟化を通じ、より多様な商品の提供が期待される。

(出所) 金融庁 令和7年度税制改正資料

2 ジュニアNISAのみなし廃止制度の創設

　令和2年度税制改正により，ジュニアNISA制度については令和5年で受付が終了している。それに伴い，居住者が次に掲げる日のいずれか遅い日において未成年者口座を開設している場合には，同日において当該居住者が未成年者口座が開設されている金融商品取引業者等の営業所の長に，未成年者口座廃止届出書の提出をしたものとみなすこととする。

① その居住者の未成年者口座に設けられる非課税管理勘定のうち最も新しい年分の勘定に係る非課税期間終了の日（当該勘定が設けられた日の属する年の1月1日から5年を経過する日）の翌日又は継続管理勘定に係る非課税期間終了の日（当該居住者等がその年の1月1日において18歳である年の前年12月31日をいう）の翌日のいずれか遅い日

② 令和8年1月1日

3　その他手続関係

上記の他，NISAの手続き関係に関し次の見直しが行われている。

◆ NISAの利便性向上等〔金融庁〕

【現状及び問題点】
- 2024年1月から新しいNISAが開始され、2024年6月末時点でNISA口座数が約2,428万口座、買付額は約45兆円となるなど、NISAは国民の安定的な資産形成の手段の一つとして受け入れられつつある。
- 国民の安定的な資産形成を引き続き支援していくため、NISAに関する手続の更なる簡素化・合理化や対象商品(ETF)の要件の見直しなどに取り組み、利便性の向上を図る必要。

◎ 口座開設10年後の所在地確認の廃止

【大綱の概要】
　NISA口座の開設後10年経過時等に金融機関が行う顧客の所在地等の確認については、金融機関の負担にも配慮しつつ、資格のない者による取引が行われないよう実効性のある代替策の検討を含め、そのあり方の検討を行う。

【廃止する理由】
・死亡・転居があった場合には、顧客に届出義務
・海外出国者等を捕捉する目的に比して、投資家や金融機関に過度な負担
・確認が取れない場合は新規買付ができなくなり、国民の安定的な資産形成を阻害

◎ 金融機関変更時の即日買付

【大綱の概要】
　NISA口座(勘定)は、金融機関変更手続の実施日に設けられることとし、即日買付を可能とする。
　仮に二重口座等であった場合には、変更手続時まで遡って課税口座(特定口座又は一般口座)へ移管。

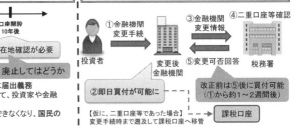

（出所）　金融庁　令和7年度税制改正資料

Q-11　その他の金融所得関係の改正

今回の改正で，上記以外に金融所得関係はどのような見直しがされたのか。

A

おおむね次の見直しが行われている。

1 特定口座内保管上場株式の譲渡所得に係る所得計算の特例対象の見直し

　特定口座内保管上場株式等の譲渡等に係る所得計算等の特例について，特定口座に受け入れることができる上場株式等の範囲に，次に掲げる上場株式等を加える。

（イ）　居住者等が金融商品取引業者等の営業所の長に対し非課税口座開設届出書（勘定廃止通知書又は非課税口座廃止通知書の添付等がされているものに限る。）の提出をしたことにより開設された口座でその開設の時から非課税口座に該当しないものとされたものにおいて管理されている上場株式等で，その該当しないこととされた日にその金融商品取引業者等の営業所に開設されている特定口座に一定の方法により移管されるもの

（ロ）　居住者等が金融商品取引業者等の営業所の長に対し勘定廃止通知書又は非課税口座廃止通知書の提出等をしたことにより，非課税口座に設けられた勘定でその設定の時から特定累積投資勘定及び特定非課税管理勘定に該当しないこととされたものに係る上場株式等で，その該当しないこととされた日にその金融相取引業者等の営業所に開設されている特定口座に一定の方法により移管されるもの

2 告知制度の見直し

　この改正は，新たな預貯金口座付番制度（口座管理法）の開始に伴い，金融機関等が同制度に基づいて取得した個人番号等について税法上の告知の要件を充足できるように対応したものである。

　次に掲げる告知又は告知書の提出（以下「告知等」という。）をする個人が，その告知等を受ける者（金融機関等）に対してその個人の個人番号の通知又は告知書への記載を要しないこととする措置について，告知等を受ける者が，口座管理法に基づき預金保険機構からその個人の本人特定事

項及び個人番号の通知を受けてその個人の氏名,住所及び個人番号その他の事項を記載した帳簿を備えている場合には,その個人は,本措置の適用を受けることができることとする。

(イ)　利子,配当等の受領者の告知
(ロ)　無記名公債の利子等に係る告知書の提出
(ハ)　譲渡性預金の譲渡等に関する告知書の提出
(ニ)　株式等の譲渡の対価の受領者の告知
(ホ)　交付金銭等の受領者の告知
(ヘ)　償還金等の受領者の告知
(ト)　信託受益権の譲渡の対価の受領者の告知
(チ)　先物取引の差金等決済をする者の告知
(リ)　金地金等の譲渡の対価の受領者の告知
(ヌ)　特定口座開設届出書の提出をする者の告知
(ル)　非課税口座開設届出書等を提出する者の告知
(ヲ)　国外送金等をする者の告知書の提出
(ワ)　国外証券移管等をする者の告知書の提出
(カ)　国外電子決済手段移転等をする者の告知書の提出

　なお,次に掲げる告知書の提出をする個人がその告知書の提出の際に必要な本人確認書類の提示等を要しないこととする措置についても同様とする。

(イ)　国外送金等する者の告知書の提出
(ロ)　国外証券移管等する者の告知書の提出
(ハ)　国外電子決済手段移転等を有する者の告知書の提出

3 勤労者財産形成住宅貯蓄非課税制度の適用範囲の拡大

　勤労者財産形成住宅貯蓄非課税制度について，その利子所得等が非課税とされる適格払出しの範囲に，床面積が40㎡以上50㎡未満の認定住宅等（認定住宅，ZEH水準省エネ住宅及び省エネ基準適合住宅をいう）のうち，令和7年12月31日までに建築確認を受けたものの新築に係る費用の支出のための払い出しを加える。

③ 子育て支援に関する政策税制

Q-12 改正の趣旨
今回，子育て支援税制の改正が行われた理由は何か。

A

　子育て世帯は，安全・快適な住宅の確保や子供を扶養する者に万が一のことがあった際のリスクへの備えなど，様々なニーズを抱えており，子育て支援を進めるためには，税制においてこうしたニーズを踏まえた措置を講じていく必要があることから，生命保険料控除及び住宅ローン控除の内容を拡充することとしたものである。

1 生命保険料控除の拡充
＜改正内容＞
　新生命保険に係る一般生命保険料控除について，居住者が年齢23歳未満の扶養親族を有する場合には，令和8年分における一般生命保険料控除の控除額の計算を次のとおりとする。

年間の新生命保険料	控除額
30,000円以下	新生命保険料の全額
30,000円超　60,000円以下	新生命保険料×1/2＋15,000円
60,000円超　120,000円以下	新生命保険料×1/4＋30,000円
120,000円超	一律　60,000円

(注1) 旧生命保険料及び上記の生命保険料を支払った場合には，一般生命保険料控除の適用限度額は6万円（改正前：4万円）とする。

(注2) 一般生命保険料控除，介護医療保険控除及び個人年金保険料控除の合計適用限度額は12万円（改正前と同じ。）とする。

(注3) 本改正は，令和7年以前に契約していた保険契約についても適用される。

2　住宅ローン控除の拡充（継続）

<改正内容>

　特例対象個人(注1)が，認定住宅等(注2)の新築若しくは認定住宅等で建築後使用されたことのないものの取得又は買取再販認定住宅等(注3)の取得（以下「認定住宅等の新築」という）をして令和7年1月1日から同年12月31日までの間に居住の用に供した場合の住宅借入金等の年末残高の限度額（借入限度額）を次のとおりとして，本特例の適用ができることとする。

住宅の区分	借入限度額
認定住宅	5,000万円
ZEH水準省エネ住宅	4,500万円
省エネ基準適合住宅	4,000万円

(注1)「特例対象個人」とは，個人で，年齢が40歳未満であって配偶者を有する者，40才以上であって40歳未満の配偶者を有する者又は19歳未満の扶養親族を有する者をいう。

(注2)「認定住宅等」とは，認定住宅，ZEH（ゼッチ）水準省エネ住宅及び省エネ基

準適合住宅をいい,「認定住宅」とは,認定長期優良住宅及び認定低炭素住宅をいう。

(注3) 買取再販認定住宅等とは,認定住宅等である既存住宅のうち宅地建物取引業者により一定の増改築等が行われたものをいう。

(注4) 上記について,その他の要件等は,現行の住宅借入金等を有する場合の所得税額の特別控除と同様とする。

(注5) 東日本大震災の被災者である子育て特例対象個人が,認定住宅等の新築等をして,令和7年1月1日から同年12月31日までの間に居住の用に供した場合の再建住宅借入金等の年末残高の限度額(借入限度額)を次のとおりとして,本特例の適用ができることとする。

住宅の区分	借入限度額
認定住宅 ZEH水準省エネ住宅 省エネ基準適合住宅	5,000万円

なお床面積緩和要件は,一般住宅のケースと同様とする。

(出所) 国土交通省 令和7年度税制改正資料

3 既存住宅に係る特定のリフォーム控除をした場合の特別制度の拡充（継続）

<改正内容>

　特例対象個人が，その者の所有する居住用の家屋について一定の子育て対応改修工事をして，その居住用家屋を令和7年4月1日から同年12月31日までの間に居住の用に供した場合を適用対象に追加し，その子育て対応改修工事に係る標準的な工事費用相当額（250万円を限度）の10％に相当する金額をその年分の所得税額から控除できることとする。

① 「一定の子育て対応改修工事」とは

　（イ）住宅内における子供の事故を防止するための工事，（ロ）対面式キッチンへの交換工事，（ハ）間口部の防犯性を高める工事，（ニ）収納設備を増設する工事，（ホ）間口部・界壁・床の防音性を高める工事，（ヘ）間取り変更工事（一定のものに限る）であって，その工事に係る標準的な工事費用相当額相当額（補助金の交付がある場合には，その補助金等の額を控除した後の金額）が50万円を超えること等一定の要件を満たすものをいう。

② 「標準的な工事費用相当額」とは

　子育て対応改修工事の種類ごとに標準的な工事費用の額として定められた金額にその子育て対応改修工事を行った箇所数を乗じて計算した金額をいう。

③ 所得要件

　本税額控除は，その年分の合計所得金額が2,000万円を超える場合には適用しない。

④　その他

上記について，一定の場合に連年適用できないことなどその他の要件は，改正前の既存住宅に係る特定の改修工事をした場合の所得税額の特別控除と同様とする。

4　土地税制関係

Q-13　帰還・移住等環境整備推進法人に対する土地等に係る特例の廃止

今回の改正で，廃止される帰還・移住等環境整備推進法人に対する土地等に係る特例はどのようなものだったか。

A

震災特例法11条の6により，避難解除区域等（福島復興再生特別措置法18条2項2号に規定する避難解除区域等をいう）のうち一定の区域内にある土地が，帰還・移住等環境整備推進法人が行う一定の事業の用に供するために買い取られる場合には，特定住宅地造成事業等のために土地等を譲渡した場合の1,500万円特別控除（措置法35の2）の適用が受けられることに加え，優良住宅地の造成等のために土地を譲渡した場合に長期譲渡所得の課税の特例（措置法31の2）の適用を受けることができることとなっていた。

今回の改正で，この特例が令和7年3月31日をもって廃止されることとなった。

5 租税特別措置法関係

Q-14 公益法人等に財産を寄附した場合の譲渡所得の非課税措置の見直し

今回の改正で，公益法人等に財産を寄附した場合の譲渡所得の非課税制度はどのように見直されたのか。

A

全般的に制度の適用を弾力化する見直しが行われているが，その内容は次のとおりである。

(1) 申請書の提出があった日から1月以内に国税庁長官の承認をしないことの決定がなかった場合に，その承認があったものとみなす特例（以下「承認に係る特例」という。）について，次の措置を講ずる。
　(イ) 対象範囲に，次に掲げる贈与又は遺贈（以下「贈与等」という。）を加える。
　　㋑ 国立健康危機管理研究機構法の施行に伴い同法に基づき設立される国立健康危機管理研究機構に対する贈与で，その贈与等に係る財産が一定の手続きの下で機構の行う研究機関の実施等の業務に充てるための基金に組み入れられるもの
　　㋺ 準学校法人に対する贈与等でその学校法人の理事，監事，評議員その他これらの者に準ずるもの以外の者からのもののうち，その贈与等に係る財産が当該準学校法人の基本金に組み入れられるもの
　　㋩ 新たな公益信託制度における公益信託(注)の受託者に対するその信託財産とするための贈与等で，その公益信託の受託者及び信託管理人（これらの理事等を含む。）並びにこれらの者の親族等以外の

者からのもののうち、その贈与等に係る財産が一定の手続きの下でその公益信託の受益者の行う公益信託事務に充てるための基金に組み入れられるもの

(注) 公益信託とは、個人や法人が金銭等の財産を、学術、技芸、事前、祭祀等の公益のために信託銀行等に預け、信託銀行等は定められた目的に従って、その財産を管理・運用し、公的な活動を行う制度をいう。

(ロ) 私立学校法の改正に伴い、全ての学校法人に対する贈与等でその学校法人の役員等以外の者からのもののうち、その贈与等に係る財産がその学校法人の基本金に組み入れられるものについて、承認の対象とする。

(2) 贈与等に係る財産を公益目的事業用に直接供した日から2年以内に買い換える場合であっても、その財産が上記(1)の基金又は基本金に組み入れる方法により管理されている等の要件を満たすときは、その財産の譲渡収入の全部に相当する金額をもって取得した資産をその方法により管理する等の一定の要件の下で非課税う措置の継続適用を受けることができることとする。

(3) 特定一般法人が他の公益法人用に非課税承認を受けた財産を贈与した場合における非課税の継続適用措置について、適用対象に、特定一般法人が公益目的支出計画に基づきその財産を公益信託の信託財産とする場合を加える。

(4) 機構に対する財産の贈与等については、国税庁長官の承認の要件についてその贈与等に係る財産がその贈与等があった日から2年を経過する日までの期間内に、機構のその贈与等に係る公益目的事業の用に直接供され、又は供される見込みであることを要件とする。

(5) 公益法人等が贈与等に係る財産をその公益目的事業の用に直接供しくなった場合において，その公益法人がその旨その他の事項を記載した届出書にその財産を公益目的事業の用に直接供しなくなったことを明らかにする書類を添付して，これを国税庁長官に提出したときは，国税庁長官はその財産の贈与等に係る非課税承認を取り消すことができることとする。

Q-15　その他の租税特別措置法関係の改正項目

上記以外で今回の改正で，租税特別措置法関係の改正項目にはどのようなものがあるか。

A

上記以外に次の項目で改正が行われている。

項　　目	改　正　内　容
債務処理計画に基づき資産を贈与した場合の課税の特例	適用期限を3年延長する。
被災した法人について債務処理計画が策定された場合の課税の特例（注）	適用期限を3年延長する。
児童養護施設退所者等に対する債務免除益の非課税	児童養護施設退所者等に対する自立支援資金貸付事業による金銭の貸付けにつき，その貸付けに係る債務の免除を受ける場合には，その免除により受ける経済的な利益の価額については，引き続き所得税を課さないこととする。
ひとり親家庭高等職業訓練促進資金貸付事業の住宅支援貸付事業による貸付金免除の非課税	ひとり親家庭高等職業訓練促進資金貸付事業の住宅支援資金貸付けによる金銭の貸付けにつき，その貸付けに係る債務の免除を受ける場合には，その免除により受ける経済的利益の価額については，引き続き所得税を課さないこととする。

| 公益法人等に寄附した場合の所得税額の特別控除 | 適用対象となる学校法人及び準学校法人が閲覧対象とすべき書類の範囲に，会計監査報告その他一定の書類を加える。 |

(注) 中小企業者の再生を支援する観点から，東日本大震災事業者再生支援機構が支援する事業再生において，再生企業の保証人となっている経営者が，「合理的な再生計画」に基づき，再生企業に対して事業用資産の私財提供を行った場合には，譲渡益を非課税とする制度。

6 その他

Q-16 企業年金・個人年金制度の見直しに伴う税制上の措置

今回の改正で，企業年金・個人年金制度に関する所得税の取扱いはどのようになったのか。

A

わが国の平均寿命の増加による高齢期の所得確保を考慮した，確定拠出年金法等の改正を前提に，企業型確定拠出年金等の拠出限度額の引上げやiDeCoの加入年齢の引上げ等の見直しが行われた後も，改正前の税制上の取扱いを維持することが明確にされた。

具体的には，次の措置が講じられる。

(1) 企業型確定拠出年金制度におけるマッチング拠出(注)について，企業型年金加入掛金の額は事業主掛金の額を超えることができないとする要件を廃止する。
(注) マッチング拠出とは，会社が拠出する掛金に加えて，加入者本人が掛け金を上乗せして拠出することをいう。

(2) 企業型確定拠出年金の拠出限度額を次のとおりとする。
　（イ）　確定給付企業年金制度に加入していない者　月額6.2万円（改正前：月額5.5万円）
　（ロ）　確定給付企業年金制度の加入者　月額6.2万円（改正前：月額5.5万円）から確定給付企業年金ごとの掛金相当額を控除した金額

(3) 個人型確定拠出年金制度について，60歳以上70歳未満であって改正前の個人型確定拠出年金に加入できない者のうち，個人型確定拠出年金の加入者・運用指図者であった者又は私的年金の資産を個人型確定拠出年金に移換できる者であって，老齢基礎年金及び個人型確定拠出年金の老齢給付金を受給していない者を新たに制度の対象とすることとし，その拠出限度額を月額6.2万円とする。

(4) 個人型確定拠出年金の拠出限度額を次のとおりとする。
　（イ）　第一号保険者　月額7.5万円（改正前：月額6.8万円）
　（ロ）　企業年金加入者　月額6.2万円から確定給付企業年金ごとの掛金相当額及び企業型確定拠出年金の掛金額を控除した金額（改正前：2万円）
　（ハ）　企業年金に未加入の者（第一号保険者及び第三号保険者を除く）　月額6.2万円（改正前：月額2.3万円）

(5) 国民年金基金の掛金の上限を月額7.5万円（改正前：6.8万円）とする。

◆企業年金・個人年金制度の見直しに伴う税制上の所要の措置 [厚生労働省主担、金融庁が共同要望]

【現状及び問題点】
○ 企業年金・個人年金は、公的年金と相まって高齢期の所得確保を図るための制度であるところ、家計の資産形成の更なる環境整備を進めていくため、企業年金・個人年金の充実を図る必要性が高まっている。
○ 個人型確定拠出年金(iDeCo)については、「経済財政運営と改革の基本方針2024」(令和6年6月21日閣議決定)や「新しい資本主義のグランドデザイン」(令和6年6月21日閣議決定)では、拠出限度額等について2024年中に結論を得る、拠出限度額の引上げ等について大胆な改革を検討し結論を得るなどとされている。
○ 企業年金・個人年金制度の見直しの議論の結果等を踏まえ、税制上の所要の措置を講ずる必要がある。

【大綱の概要】
確定拠出年金法等の改正を前提に、企業型確定拠出年金(企業型DC)・個人型確定拠出年金(iDeCo)等の拠出限度額の引上げやiDeCoの加入可能年齢の引上げ等の見直しが行われた後も、現行の税制上の措置を適用する。

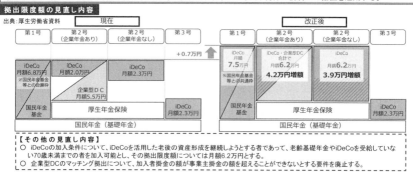

（出所） 金融庁　令和7年度税制改正資料

Q-17　法人課税信託に係る所得税の課税の適正化

今回の改正で、法人課税信託に係る所得税の取扱いはどのようになったのか。

A

　法人課税信託（受益者の存しない信託）について、受益者が指定され、法人課税信託に該当しなくなった場合には、受託者等は受託法人から信託財産の帳簿価額を引き継ぐこととされている。一部の信託会社では、この取扱いを利用し、役員等を受益者等に指定して株式を交付するスキームが行われており、この場合には受益者の指定時には課税は行われず、株式の譲渡時まで課税が繰り延べられることとなっている。

　そこで本改正では、法人課税信託の信託財産に属する株式について、受

益者（役員等）が指定されて，法人課税信託に該当しなくなったときに，受益者等のその株式に係る経済的利益について給与所得等として課税を行うこととし，その受益者等はその時の価額により株式を取得したものとすることとされた。

Q-18　退職所得控除の調整規定等の見直し

今回の改正で，退職所得控除の調整規定等はどのようになったのか。

A

企業の定年年齢の引上げにより，まずDC一時金（退職所得）を受給し，5年経過後に退職金を受け取るケースが増えており，このケースについては勤続年数の重複排除は適用されず，いずれについても退職所得控除を満額適用することが問題視されていた。

そこで，課税の公平性の観点から，重複排除に係る期間を延長することとしたものである。

＜改正内容＞

(1)　退職手当等（老齢一時金を除く）の支払いを受ける年の前年以前9年内（改正前：4年内）に老齢一時金（DC一時金）の支払いを受けている場合には，その老齢一時金について，退職所得控除額の計算における勤続期間等の重複排除の特例の対象とする。

(2)　老齢一時金の退職所得に係る退職所得の受給に関する申告書の保存期間を10年（改正前：7年）とする。

(3)　調整規定等を適正に執行するために，全ての居住者（改正前：法人の役員である居住者）に係る退職給与の源泉徴収票について，税務署長への提出を一律義務化する。

(4) これらの改正は，令和8年1月1日以後に老齢一時金の支払いを受けている場合であって，同日以後に支払いを受けるべき退職手当等について適用する。

Q-19　その他の改正内容

上記以外の個人所得課税の改正にはどのようなものがあるか。

A

上記以外の主な改正内容としては，次のものがある。

改　正　項　目	改　正　内　容
所得税法等による本人確認の方法	所得税法及び租税特別措置法等の規定による本人確認の方法について，署名用電子証明書を送信する方法に代えて，行政手続きにおける特定の個人を識別するための番号の利用等に関する法律に規定するカード代替電磁的記録を送信する方法によることができることとする。
生命保険料控除等における明細書の添付	小規模企業共済等掛金控除，生命保険料控除又は地震保険料控除の適用を受ける者は，改正前の次の書類の添付又は提示に代えて，その控除証明書の記載事項を記載した明細書を確定申告書の提出の際に添付できることとする。この場合において，税務署長は確定申告期限から5年間，その控除証明書の提示又は提出を求めることができることとし，その求めがあったときは，その適用を受ける者は控除証明書の提示又は提出をしなければならない。 ①　小規模企業共済等掛金控除の証明書 ②　生命保険料控除の証明書 ③　地震保険料控除の証明書
社会医療法人制度の見直しによる取扱い	社会医療法人制度における認定要件について，関係法令による見直しが行われた後も，その見直し後の社会医療法人を引き続き公共法人等（所得税法別表第一）とする。
社会保険診療報酬支払基金法の見直しによる取扱い	社会保険診療報酬支払基金法の改正を前提に，社会保険診療報酬支払基金の業務範囲等の見直しが行われた後も，引

	き続き公共法人等（所得税法別表第一）とする。
科学技術・イノベーション創出の活性化に関する法律の改正に伴う取扱い	科学技術・イノベーション創出の活性化に関する法律の改正を前提に，先端技術研究成果活用機構（仮称）を公共法人等（所得税法別表第一）とする。
独立行政法人男女共同参画機構法（仮称）の制定に伴う取扱い	独立行政法人男女共同参画機構法（仮称）の制定を前提に，独立行政法人男女共同参画機構（仮称）を公共法人等（所得税法別表第一）とする。
土地改良法の改正による取扱い	土地改良法の改正により土地改良区，土地改良区連合及び土地改良事業団体連合会の解散時の財産処分に係る見直し等が行われた後も，引き続き公共法人等（所得税法別表第一）とする。
日本学術会議法の制定による取扱い	日本学術会議法（仮称）の制定を前提に，日本学術会議の法人化により新たに設立される法人を公共法人等（所得税法別表第一）とする。
非課税項目の見直し（継続）	次に掲げる金品等については，所得税を課さない。 ① 厚生年金保険法の遺族年金等 ② 戦没者の遺族に対する特別弔慰金 ③ 新たなワクチン追加後の予防接種法の健康被害救済給付
国民健康保険税の基準の見直し	① 国民健康保険税の基礎課税額等に係る課税限度額について，次のとおりとする。 （イ） 基礎課税額に係る課税限度額を66万円（改正前65万円に引き上げる。 （ロ） 後期高齢者支援金等課税額に係る課税限度額を26円（改正前：24万円に引き上げる ② 国民健康保険税の減額の対象となる所得の基準について，次のとおりとする。 （イ） ５割軽減の対象となる世帯の軽減判定所得の算定において被保険者等の数に乗ずべき金額を30.5万円（改正前：29万円）に引き上げる。 （ロ） ２割軽減の対象となる世帯の軽減判定所得の算定において被保険者等の数に乗ずべき金額を56万円（改正前：54.5万円）に引き上げる。

Ⅲ　資産課税

1 結婚・子育て資金の一括贈与に係る贈与税の非課税措置の延長

Q-1 制度の概要

結婚・子育て資金の一括贈与に係る贈与税の非課税措置とはどのような制度か

A

　18歳以上50歳未満の者（受贈者）が，結婚・子育て資金に充てるため，金融機関等との一定の契約に基づき，受贈者の直系尊属（贈与者）から，信託受益権を取得した場合や，書面による贈与により取得した金銭を銀行等に預入をした等の場合には，その信託受益権又は金銭等の価額のうち1,000万円までの金額については，受贈者が金融機関等の営業所等に結婚・子育て資金非課税申告書の提出等をすることにより，贈与税が非課税となる制度である。

　なお，結婚・子育ての資金，妊娠・出産及び育児に要する費用は，次の費用をいう。

(1) 結婚・子育て資金……結婚に際して支払う次の金銭（限度額300万円）をいう。
・挙式費用，衣装代等の婚礼費用（婚姻の日の1年前の日以後に支払われるもの）
・家賃，敷金等の新居費用，転居費用（一定の期間内に支払われるもの）

(2) 妊娠・出産及び育児に要する費用……妊娠，出産及び育児に要する費用とは，次の費用をいう。
・不妊治療・妊婦健診に要する費用
・分べん費等・産後ケアに要する費用

・子の医療費，幼稚園・保育所等の保育料（ベビーシッター代を含む）など

Q-2　改正の内容

結婚・子育て資金の一括贈与に係る贈与税の非課税措置は，今回の改正でどうなったのか。

A

結婚・子育て資金の一括贈与に係る贈与税の非課税措置は，令和7年3月31日までの措置であったが，その非課税措置の適用期限を2年延長して，令和9年3月31日までとする改正が行われた。

Q-3　過去の検討

結婚・子育て資金の一括贈与に係る贈与税の非課税措置については，過去において廃止等の検討がされてきたようだが，その検討の経緯はどのようなものか。

A

令和3年度税制改正大綱（「令和3年度税制改正の基本的考え方」より）

> 結婚・子育て資金の一括贈与に係る贈与税の非課税措置については，贈与の多くが扶養義務者による生活費等の都度の贈与や基礎控除の適用により課税対象とならない水準にあること，利用件数が極めて少ないこと等を踏まえ，次の適用期限の到来時に，制度の廃止も含め，改めて検討する。

なお令和3年改正では，適用期限が令和3年3月31日から令和5年3月31日まで2年間延長された。

令和5年度税制改正大綱（「令和5年度税制改正の基本的考え方」より）

> 結婚・子育て資金の一括贈与に係る贈与税の非課税措置についても，節税的な利用につながらないよう所要の見直しを行った上で，適用期限を2年延長する。
>
> 令和3年度税制改正大綱で「制度の廃止も含め，改めて検討」とされた後も，引き続き利用件数が低迷している等の状況にあり，次の適用期限の到来時には，利用件数や利用実態等を踏まえ，制度の廃止も含め，改めて検討する。

なお令和5年改正では，適用期限が令和5年3月31日から令和7年3月31日まで2年間延長された。

Q-4 令和7年の改正で延長された理由

結婚・子育て資金の一括贈与に係る贈与税の非課税措置については，令和3年，令和5年の税制改正大綱において，「廃止を含めて検討する」旨の基本的な考え方が示されているが，令和7年の改正でさらに適用期限を延長したのはなぜか。

A

令和7年度税制改正大綱の基本的考え方においても，下記の考え方が示されている。

> 結婚・子育て資金の一括贈与に係る贈与税の非課税措置については，令和5年度税制改正大綱で「制度の廃止も含め，改めて検討する」とされた後も，利用件数が低迷する等の状況にあり，関係省庁において，子育てを巡る給付と負担のあり方や真に必要な対応策について改めて検討すべきである。

この考え方は，令和3年，令和5年における基本的考え方と同じ内容で

ある。しかし，この考え方の後に，次の考え方が示されている。

> 他方，現在，「こども未来戦略」の集中取組期間（令和8年度まで）の最中にあり，こども・子育て政策を総動員する時期にある。このため，本措置は，特に集中取組期間であることを勘案し，適用期限を2年延長する。

　結婚・子育て資金の一括贈与に係る贈与税の非課税措置は，令和3年以降廃止を含めた検討がされているが，現在，こども家庭庁が推進する「こども未来戦略」の集中取組期間であるため，こども・子育て政策の1つであるこの制度を，この集中取組期間中は存続させる目的で，非課税制度を2年間延長させたのである。

Q-5　今後の注目点
今後，法案や政令でどのようなことを注視しておくべきか。

A
　今回注視すべき点はないが，2年後の令和9年の税制改正大綱において，この制度がどのように扱われるか注視するべきである。

② 農地等に係る相続税・贈与税の納税猶予制度及び山林に係る相続税の納税猶予制度の見直し

Q-6　納税猶予制度の概要
農地等に係る相続税・贈与税の納税猶予制度及び山林に係る相続税の納税猶予制度とは，どのような制度なのか教えてほしい。

A
　農地等に係る相続税・贈与税の納税猶予制度及び山林に係る相続税の納

税猶予制度は、次のとおりである。

1　農地等に係る贈与税の納税猶予制度

　農業を営んでいる贈与者が、農業の用に供している農地の全部等を、その農業を引き継ぐ推定相続人の1人に贈与した場合には、一定の要件の下に、その贈与を受けた農地等について受贈者が農業を営んでいる限り、その贈与を受けた受贈者に課税される贈与税の納税が猶予される制度である。

2　農地等に係る相続税の納税猶予制度

　農業を営んでいた被相続人又は特定貸付け等を行っていた被相続人から一定の相続人が一定の農地等を相続や遺贈によって取得し、農業を営む場合又は特定貸付け等を行う場合には、一定の要件の下に、一定の相続税の納税が、その取得した農地等について相続人が農業の継続又は特定貸付け等を行っている場合に限り、猶予される制度である。

3　山林に係る相続税の納税猶予制度

　一定の計画が定められている区域内に存する山林を有していた被相続人から、相続又は遺贈により山林の取得をした一定の相続人が、自ら山林の経営を行う場合には、その相続人が納付すべき相続税のうち、一定の山林に係る課税価格の80パーセントに対応する相続税の納税が猶予される制度である。

Q-7 改正の対象となる営農困難時貸付け等

今回の改正の対象となる，農地等に係る納税猶予制度における営農困難時貸付け又は山林に係る納税猶予制度における経営委託とは，どのようなことか。

A

今回の改正の対象となる，農地等に係る納税猶予制度における営農困難時貸付け又は山林に係る納税猶予制度における経営委託は，次のとおりである。

1 農地等に係る納税猶予制度における営農困難時貸付け

農地等についての贈与税又は相続税の納税猶予の適用を受けている受贈者又は相続人が，障害や疾病などの理由で，農地等で営農が困難な状態となったためにその農地等について，賃借権等の設定による営農困難時貸付けを行った場合に納税猶予を継続する特例の制度である。

2 山林に係る納税猶予制度における経営委託

山林についての相続税の納税猶予の適用を受けている相続人が，障害や疾病などの理由で，山林の経営を行うことが困難な状態となったために，その山林の全部の経営を一定の者に委託した場合に納税猶予を継続する特例の制度である。

Q-8 改正の内容

今回の改正で，農地等に係る相続税・贈与税の納税猶予制度及び山林に係る相続税の納税猶予制度が見直されたとのことだが，どのような見直しがされたのか。

A

今回の農地等に係る相続税・贈与税の納税猶予制度，及び山林に係る相続税の納税猶予制度の見直しでは，以下の改正が行われた。

1 農地等に係る納税猶予制度における営農困難時貸付け

営農困難時貸付けを行う理由に，障害や疾病などの他，介護医療院へ入所したことを加える改正が行われた。

2 山林に係る納税猶予制度における経営委託

山林の全部の経営を一定の者に委託する理由に，障害や疾病などの他，介護医療院へ入所したことを加える改正が行われた。

Q-9 介護医療院とは

今回の改正で介護医療院へ入所したことが納税猶予継続の要件に加えられたが，介護医療院とは，どのような施設か。

A

これまで「介護老人福祉施設」，「介護老人保健施設」，「介護療養型医療施設」の3施設だった介護保険施設に，平成30年3月から「介護医療院」が追加されました。

「介護医療院」は，長期的な医療と介護のニーズを併せ持つ要介護高齢者を対象として，「長期療養のための医療」と「日常生活上の世話（介護）」

を兼ね備えた施設である（厚生労働省「介護医療院公式サイト」より）。

Q-10　今後の注目点
今後，法案や政令でどのようなことを注視しておくべきか。

A

　今回の農地等に係る相続税・贈与税の納税猶予制度及び山林に係る相続税の納税猶予制度の見直しについて，令和7年度税制改正大綱においては，改正の適用時期が示されていない。そこで，今後改正時期について注視しておくべきである。

③　事業承継税制における要件緩和措置

Q-11　事業承継税制の概要
事業承継税制の適用要件が緩和されたと聞くが，事業承継税制とはどのような制度か。

A

　事業承継税制は，先代経営者の事業を継ぐ後継者が，その事業に係る特定事業用資産（個人版の場合）又は経営する法人の非上場株式を贈与又は相続により取得した場合，一定の要件の下にその贈与税又は相続税の納税が猶予（その後一定事由により免除）される制度である。
　この制度は，事業の承継を円滑に行うために設けられた制度であり，法人の非上場株式を取得することによる法人版事業承継税制と個人の所有する特定事業用資産を取得することによる個人版事業承継税制がある。

Q-12　改正による要件緩和の内容

個人版及び法人版の事業承継税制についての今回の改正による要件緩和の見直しは具体的にはどのような内容なのか。

A

個人版及び法人版の事業承継税制における後継者には，複数の要件がある。その中で贈与により財産を取得した場合においては，次の要件がある。

（従来）

個人版事業承継税制	法人版事業承継税制（特例措置）
贈与の日まで引き続き3年以上にわたり，特定事業用資産に係る事業に従事していたこと。	贈与の日まで引き続き3年以上を会社の役員であること。

今回の改正において，上記の要件が見直されて，次のように緩和された。

個人版事業承継税制	法人版事業承継税制（特例措置）
贈与の直前において，特定事業用資産に係る事業に従事していたこと。	贈与の直前において，会社の役員等であること。

Q-13　今回の改正が行われた理由

今回，3年間の事業従事期間の要件又は役員就任期間の要件が緩和されたのはなぜか。

A

個人版事業承継税制は，令和10年12月31日が適用期限であり，法人版事業承継税制における特例措置は，令和9年12月31日が適用期限である。

個人版事業承継税制は，適用期限までに令和7年1月1日から4年の期

間があるが，法人版事業承継税制における特例措置のほうは，適用期限までに令和7年1月1日から3年の期間しかなく，就任期間の3年の要件を残していると，令和6年末までに役員に就任しなければ適用できないことになってしまう。

事業承継の検討が遅れている事業者を救済する目的で，3年間の期間撤廃の改正が行われたものと考えられる。

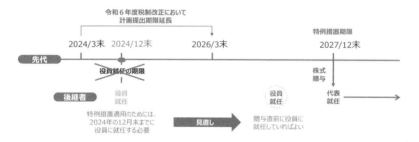

（出所）　経済産業省　令和7年度税制改正資料

Q-14 適用時期
今回の事業承継税制における要件緩和措置の改正は，いつから適用されるのか。

A

今回改正された事業承継税制における要件緩和措置については，令和7年1月1日以後に，贈与により取得する財産に係る贈与税について適用される。

Q-15 今後の注目点
今後，法案や政令でどのようなことを注視しておくべきか。

A

法人版の事業承継税制については，特例措置の改正である。一般措置の規定に影響がないか，今後法律等で確認が必要であろう。

④ 災害に係る固定資産税等の特例措置の延長等

Q-16 延長の目的
令和2年7月豪雨により被害を受けた土地・建物に係る固定資産税及び都市計画税の特例措置について，適用期限を延長する改正が行われるとのことだが，その目的は何か。

A

特例の延長の目的は，住宅等が滅失又は損壊した被災者の負担を軽減することで，被災者の生活の再建を支援することにある。

具体的には次のとおりである（国土交通省「令和7年度地方税制改正要

> 　土地区画整理事業や河川改修等の公共事業が完了していないこと等により，令和7年度以降も住宅等を失った被災者が住宅等の再建に着手できない場合も想定されるところ，令和2年7月豪雨の被災地では上記特例の双方が今年度で適用期限を迎え，来年度から特例が適用されなくなるため被災者の負担が増加し，被災者の生活再建が遅れることが懸念される。
> 　そのため，被災者の早急な生活再建を支援するために，本特例措置を延長し，被災者の負担を軽減する必要がある。

Q-17　改正の内容

令和2年7月豪雨により被害を受けた土地・建物に係る固定資産税及び都市計画税の特例措置の適用期限の延長は，具体的にはどのような内容か。

A

　下記の内容の特例について，令和7年度分及び令和8年度分の2年度分延長される改正が行われた。

① 　令和7年度分及び令和8年度分の令和2年7月豪雨による被災住宅用地等に係る固定資産税及び都市計画税については，被災住宅用地等に係る固定資産税及び都市計画税の特例措置を引き続き適用できることとする。

② 　令和2年7月豪雨により滅失・損壊した家屋に代わるものとして一定の被災地域内で令和7年4月1日から令和9年3月31日までの間に取得等をした家屋に係る固定資産税及び都市計画税については，被災代替家屋に係る固定資産税及び都市計画税の減額措置を引き続き適用できることとする。

Q-18 固定資産税等の特例措置とは

令和2年7月豪雨による被災住宅用地等，被災家屋等については，一定の特例措置（減額措置）の適用期限が延長されたが，その特例措置（減額措置）は，どのような内容か。

A

令和2年7月豪雨による被災住宅用地等，被災家屋等についての一定の特例措置（減額措置）は，次のとおりである。

1 被災住宅用地等に係る固定資産税及び都市計画税の特例措置

住宅用地と認定されていた土地上の住宅用家屋を，令和2年7月豪雨災害により解体した場合，一定の要件の下，固定資産税算定に当たり，住宅用地の特例が継続して適用される。

2 被災代替家屋に係る固定資産税及び都市計画税の減額措置

被災家屋に代わるものとして取得又は改築した家屋について，被災家屋の床面積相当分に係る固定資産税の税額について，取得の翌年から4年度分を2分の1に減額する。

Q-19 令和2年7月豪雨について

令和2年7月豪雨とは，どのような災害だったか。

A

令和2年7月豪雨とは，次の災害である（気象庁「令和2年7月豪雨の概要」より）。

4 災害に係る固定資産税等の特例措置の延長等　69

　令和2年7月3日から7月31日にかけて，日本付近に停滞した前線の影響で，暖かく湿った空気が継続して流れ込み，各地で大雨となり，人的被害や物的被害が発生した。気象庁は，顕著な災害をもたらしたこの一連の大雨について，災害の経験や教訓を後世に伝承することなどを目的として「令和2年7月豪雨」と名称を定めた。

　7月3日から8日にかけて，梅雨前線が華中から九州付近を通って東日本にのびてほとんど停滞した。前線の活動が非常に活発で，西日本や東日本で大雨となり，特に九州では4日から7日は記録的な大雨となった。また，岐阜県周辺では6日から激しい雨が断続的に降り，7日から8日にかけて記録的な大雨となった。気象庁は，熊本県，鹿児島県，福岡県，佐賀県，長崎県，岐阜県，長野県の7県に大雨特別警報を発表し，最大級の警戒をよびかけた。

　その後も前線は本州付近に停滞し，西日本から東北地方の広い範囲で雨の降る日が多くなった。特に13日から14日にかけては中国地方を中心に，27日から28日にかけては東北地方を中心に大雨となった。

　この大雨により，球磨川や筑後川，飛騨川，江の川，最上川といった大河川での氾濫が相次いだほか，土砂災害，低地の浸水等により，人的被害や物的被害が多く発生した。また，西日本から東日本の広い範囲で大気の状態が非常に不安定となり，埼玉県三郷市で竜巻が発生したほか，各地で突風による被害が発生した。

Q-20　令和2年7月豪雨による災害以外の災害について

令和2年7月豪雨以外に固定資産税等の特例等が認められていた災害があったが，その特例等の延長等はどうなったか。

A

　平成28年熊本地震，平成30年7月豪雨についても固定資産税等の特例措置（減額措置）の適用がされていたが，令和6年度末に期限を迎えるそれ

らの特例措置については、延長されない。

　国土交通省の意見は次のとおりである（国土交通省「令和7年度地方税制改正要望事項」より）。

> 　令和6年度末に期限を迎える、熊本地震及び平成30年7月豪雨に係る被災住宅用地等に係る課税標準の特例措置及び被災代替家屋に係る税額の特例措置については、期限の延長をしない。

　なお、税制改正大綱においては、下記のとおりの記載となっている。
① 　平成28年熊本地震による被災住宅用地等に係る固定資産税及び都市計画税の課税標準の特例措置を廃止する。
② 　平成28年熊本地震により滅失・損壊した家屋に代わるものとして一定の被災地域内で取得等をした家屋に係る固定資産税及び都市計画税の減額措置を廃止する。
③ 　平成30年7月豪雨による被災住宅用地等に係る固定資産税及び都市計画税の課税標準の特例措置を廃止する。
④ 　平成30年7月豪雨により滅失・損壊した家屋に代わるものとして一定の被災地域内で取得等をした家屋に係る固定資産税及び都市計画税の減額措置を廃止する。

Q-21　適用時期

今回の災害に係る固定資産税等の特例措置の延長等の改正は、いつから適用されるのか。

A

　災害に係る固定資産税等の特例措置の延長等の改正は、令和7年度分及び令和8年度分の固定資産税・都市計画税について適用される。

⑤ 物納許可限度額の計算方法の見直し

Q-22　現在の物納許可限度額の計算方法の概要

物納手続においては，許可限度額の計算があると聞くが，その計算方法の概要を教えてほしい。

A

物納許可限度額の計算は，次のとおりである。

| 1　納付すべき相続税額 | － | 2　納期限までに納付することができる金額 | ＝ | 3　延納許可限度額 |

| 3　延納許可限度額 | － | 4　延納によって納付することができる金額 | ＝ | 5　物納可限度額 |

イ）　上記計算式の「2　納期限までに納付することができる金額」は，次により計算する。

| (1)相続した現金・預貯金等 | ＋ | (2)納税者固有の現金・預貯金等 | － | (3)生活費及び事業経費 | ＝ | 2　納期限までに納付することができる金額 |

　上記算式の，**(1) 相続した現金・預貯金等**，**(2) 納税者固有の現金・預貯金等**には，換価の容易な財産 (注) も含まれる。また，生活費は3か月分相当額，事業経費は1か月分相当額となる。

(注)　換価の容易な財産（国税庁「金銭納付を困難とする理由書の記載要領について」より）

- 納期限又は納付すべき日において確実に取り立てることができると認められる債権
- 積立金・保険等の金融資産で容易に契約が解除でき，かつ，解約等による負担が少ないもの

(例) ○ その他の有価証券等

　　　　出資証券，抵当証券，倉庫証券，貨物引換証，船荷証券，商品券等

　　　○ 預貯金以外の債権で確実な積立てが可能と認められるもの

　　　　退職金，貸付金・未収金等

　　　○ ゴルフ会員権等の権利で取引市場が形成されているもの

　　　○ 養老保険，財産形成貯蓄，生命保険などで解約等による負担が少ないもの

ロ) 上記計算式の「4　延納によって納付することができる金額」は，次により計算する。

(1)経常収支による納税資金 ＋ (2)臨時的収入 － (3)臨時的支出 ＝ 4　延納によって納付することができる金額

上記算式の，**(1) 経常収支による納税資金**は，次の算式により計算した金額となる。

Q-23　令和6年度税制改正大綱における検討事項の内容

令和6年度税制改正大綱において，物納に関して検討すべき事項が示されたと聞くが，どのような内容か。

A

　物納許可限度額の計算において，上記**Q-22**のとおり，先に最長20年の「4　延納によって納付することができる金額」の計算が行われ，その延納納付可能額を超える分が物納許可限度額となる（延納納付可能額が増加すれば，物納許可限度額は小さくなる関係にある）。

　しかし，日本人の寿命が延び被相続人の死亡年齢も高齢となって，相続人の年齢も高齢となり，物納許可限度額の計算が整備された平成初旬のころとは環境が違っている。

　このことを踏まえて，令和6年度税制改正大綱の検討事項では，次の意見が示されている。

令和6年度税制改正大綱の検討事項

> 　いわゆる「老老相続」や相続財産の構成の変化など相続税を取り巻く経済社会の構造変化を踏まえ，納税者の支払能力をより的確に勘案した物納制度となるよう，延納制度も含め，物納許可限度額の計算方法について早急に検討し結論を得る。

Q-24 今回の改正の内容

今回，物納許可限度額の計算方法が改正されたと聞くが，どのような点が改正されたのか。

A

今回の税制改正においては，物納許可限度額の計算について，次の改正が行われた。

＜改正内容＞

> 相続税の物納制度における物納許可限度額等について，物納許可限度額の計算の基礎となる延納年数は納期限等における申請者の平均余命の年数を上限とする等の見直しを行う。

70歳中盤で相続した相続人が，延納の最長期間20年を経過するのは，90歳中盤であり，生存しているかが不明である。

そのような環境で相続した相続人に対し，自分の余命より長い延納期間を設定され，その期間の延納許可限度額が計算されると，延納税額が多くなり物納税額が少なくなることになってしまう。

またこの延納税額は，実質的には納税しきれない延納税額を示している可能性もある。

そこで今回の改正では，延納期間は余命年数までとして，延納で実質的に納税が可能な税額を計算し，本来の物納許可限度額を計算する改正となった。

具体的な計算では，**Q-22**のロ)「4　延納によって納付することができる金額」の計算で示した「経常収支による納税資金」の計算上の「延納年数」の箇所で改正がされた。

Q-25　今後の注目点

今後，法案や政令でどのようなことを注視しておくべきか。

A

　今回の物納許可限度額の計算方法の見直しについて，令和7年度税制改正大綱においては，改正の適用時期が示されていない。そこで，今後改正時期について注視しておくべきである。

　また，今回の改正は物納許可限度額の計算方法の見直しであり，その具体的な見直し部分は，延納許可限度額の計算である。今回の改正で延納許可限度額そのものの改正も含めたものとなるかについては，今後出される法律等を確認すべきである。

6　医業継続に係る納税猶予制度の見直し

Q-26　納税猶予制度の概要

医業継続に係る納税猶予制度の見直しがされると聞いたが，これはどのような制度か。

A

　相続等により出資持分のある医療法人のその持分を取得した場合，その法人が出資持分なし医療法人への移行計画の認定医療法人であるときは，移行計画の期間満了まで相続税の納税が猶予される制度である。なお一定の要件を満たす場合には，納税猶予されている税額が，最終的に免除される。

Q-27　納税猶予制度の目的

医業継続に係る納税猶予制度は，どのような目的で設けられている制度なのか。

A

医業継続に係る納税猶予制度は，持分あり医療法人が，出資者の死亡や退社により持分払戻請求が行われ医業の継続に支障をきたすことのないように，持分なし医療法人への移行を促進する目的で設けられている制度である。

持分なし医療法人に移行することにより，持分払戻請求による医業継続に支障をきたすことがなくなり，地域住民に対して良質かつ適切な医療を継続的・安定的に提供することができるようになることも目的の1つである。

Q-28　今回の改正の内容

今回行われる医業継続に係る納税猶予制度の見直しの具体的な内容を教えてほしい。

A

今回の医業継続に係る納税猶予制度の見直しでは，関係法令の改正を前提に，医療法人の移行計画の認定要件について，次の見直しが行われた後も，その見直し後の認定医療法人について，相続税・贈与税の納税猶予制度等を適用するとされる。

① 社会保険診療等に係る収入金額の合計額が全収入金額の100分の80を超えることとの要件について，社会保険診療等に係る収入金額の範囲に補助金等に係る収入金額を加えるとともに，計算の基礎となる全収入金額を医療保健業務による収入金額とする。なお収入金額には，補助金等

に係る収入金額を含むものとし，経常的なものに限るものとする。
② 医療診療による収入金額が患者のために直接必要な経費の額に100分の150を乗じて得た額の範囲内であることとの要件について，現行の医療診療による収入金額及び患者のために直接必要な経費の額の範囲に係る取扱いを法令上明確化するとともに，その収入金額の範囲に補助金等に係る収入金額を加える。

Q-29　補助金等に係る収入金額とは

今回行われる医業継続に係る納税猶予制度の見直しには，収入金額の範囲に「補助金等に係る収入金額を加える」とあるが，「補助金等に係る収入金額」とはどのような内容か。

A

「補助金等に係る収入金額」とは，国又は地方公共団体（国等）から交付される補助金その他相当の反対給付を伴わない給付金に係る収入金額及び国等からの委託を受けて行う事業に係る収入金額であって，医療保健業務（上記Q-28②にあっては，本来業務）に係るものをいう。

なお「反対給付を伴わない給付金」には，固定資産の取得に充てるためのものを除くものとし，国等に代わってその交付に係る事務を行う者から交付されるものを含むものとする。

また「医療保健業務」とは，医療法人の本来業務及び附帯業務（医業及びこれに類する業務，介護サービスに係る業務並びに障害福祉サービスに係る業務に限る）をいう。

Q-30 今後の注目点

今後，法案や政令でどのようなことを注視しておくべきか。

A

今回の医業継続に係る納税猶予制度の見直しについて，令和7年度税制改正大綱においては，改正の適用時期が示されていない。そこで，今後改正時期について注視しておくべきである。

なお，「関係法令の改正を前提」に改正されるため，関係法令も注視しておくべきであろう。

7 相続に係る移転登記等に対する登録免許税の免税措置の延長

Q-31 制度の概要

相続に係る移転登記等に対する登録免許税の免税措置とは，どのような措置なのか。

A

相続に係る所有権の移転登記等に対する登録免許税の免税措置とは，次の2つの措置である。

1 相続により土地を取得した個人が登記を受ける前に死亡した場合の登録免許税の免税措置

相続等により土地の所有権を取得した個人が，その相続等によるその土地の所有権の移転登記を受ける前に死亡した場合で，その死亡した個人をその土地の所有権の登記名義人とするために受ける登記については，登録免許税を課さない制度である。

2 少額の土地を相続により取得した場合の登録免許税の免税措置

　個人が，土地について所有権の保存登記又は相続による所有権の移転登記を受ける場合において，これらの登記に係る登録免許税の課税標準となる不動産の価額が100万円以下であるときは，その土地の所有権の保存登記又はその土地の相続による所有権の移転登記については，登録免許税を課さない制度である。

　なお，不動産の価額とは，基本的には市町村等において管理している固定資産課税台帳に登録された価格がある場合は，その価格となる。

Q-32　改正の内容
相続に係る移転登記等に対する登録免許税の免税措置の今回の改正は，どのような内容か。

A

　相続に係る所有権の移転登記等に対する登録免許税の免税措置については，その適用期限を2年延長する改正が行われた。

　具体的には，令和7年3月31日までの制度であったが，令和9年3月31日まで延長された。

8 農地等の一括贈与に係る不動産取得税の徴収猶予の見直し

Q-33 制度の概要・目的

農地等の一括贈与に係る不動産取得税の徴収猶予制度とはどのような制度なのか。また本制度の目的はどのような内容か。

A

　農業を営む個人がその推定相続人のうちの1人に一括してすべての農地及び採草放牧地と準農地の3分の2以上の面積を贈与した場合には，不動産取得税の徴収が猶予される制度である。

　なおこの制度の目的は，受贈者が長期にわたり自ら営農を継続することを前提としているが，疾病等の故障により途中で営農を継続できなくなる事態が想定される。その場合に納税猶予を打ち切ることは必ずしも農地の有効利用につながらない（農林水産省「令和7年度地方税制改正要望事項」より）。そのため営農の継続を目的に設けられた制度である。

Q-34 徴収猶予の期限

農地等の一括贈与に係る不動産取得税の徴収猶予制度の概要はわかったが，徴収猶予が終わり，納税が生ずる時はあるのか。

A

　贈与者の死亡前に，受贈者に次の事由が生じたときは，徴収猶予が終了し，納税が必要となる。

① 贈与により取得した農地等の面積の100分の20を超える農地等を譲渡，贈与等をした場合

② 贈与により取得した農地等に係る農業経営を廃止した場合
③ 贈与により取得した者が推定相続人に該当しないこととなった場合

Q-35　改正の内容
農地等の一括贈与に係る不動産取得税の徴収猶予制度の今回の見直しはどのような内容か。

A

　農地等の生前一括贈与に係る不動産取得税の徴収猶予制度について，徴収猶予が継続するための営農困難時貸付けの適用を受けることができる事由に，農業に従事することが困難な故障として介護医療院への入所を加えることとされた。

Q-36　農業に従事することが困難な故障
農業に従事することが困難な故障とは，どのような故障状況か。

A

　農業に従事することが困難な故障とは，次のような病気，けがなどをいう（習志野市ホームページより）。
・両眼の失明
・精神の著しい障害
・神経系統の機能の著しい障害
・胸腹部臓器の機能の著しい障害
・上肢・下肢の全部もしくは一部の喪失，その機能の著しい障害
・両手・両足の指の全部もしくは一部の喪失，その機能の著しい障害など
　このほか，1年以上の期間を要する入院，養護老人ホームに入所する場合，著しい高齢となり運動能力が著しく低下した場合なども含まれる。

Q-37 今後の注目点
今後，法案や政令でどのようなことを注視しておくべきか。

A

　今回の農地等の一括贈与に係る不動産取得税の徴収猶予の見直しについて，令和7年度税制改正大綱においては，改正の適用時期が示されていない。そこで，今後改正時期について注視しておくべきである。

Ⅳ　法人課税

1 2025年度法人課税改正の基本的考え方

Q-1 法人課税改正の基本的考え方
2025（令和7）年度税制改正に向けての政府の基本的考え方のうち，法人課税に関係するものはどのようなものか。

A

　法人課税の改正に向けての基本的考え方は，「令和7年度税制改正大綱」においては，おおよそ次のように述べられている。

1　今後の法人税のあり方

　成長型経済への移行にあたって，法人税のあり方としては，次の点に考慮する必要がある。わが国では，世界的な法人税率の引下げ競争が展開される中，2010年代に，設備投資や雇用・賃上げの促進，立地競争力の強化を図るため，法人税率を23.2％まで引き下げた（国・地方の実効税率は29.74％）。この間，経済界には，法人税改革の趣旨を踏まえ，国内投資の拡大や賃上げを求めてきたが，企業部門では，収益が拡大したにもかかわらず，現預金等が積み上がり続けた。

　今般，EBPM（Evidence Based Policy Making：証拠に基づく政策立案）の観点からデータ分析等を行い，法人税改革の成果について議論を行った。設備投資については，法人税改革以降，海外投資等が増加したのに対し，大企業を中心に国内投資は低水準で推移した。賃上げについても，諸外国と比較して，長年低迷してきた。他方，企業の利益が現預金として社内にとどまる傾向が一層強まってきた。

　海外の先行研究を見ても，法人税率が設備投資や賃金に与える影響は限定的であるとの分析や，わが国の法人税改革が国内投資の増加に効果的で

なかったとの分析が示されている。また，政策対応を検討する際には，企業の国際競争力等にも一定の配慮が求められるが，この10年間で，企業を取り巻く経済環境やそれに応じた企業行動は大きく変化したことにも留意が必要である。

こうした振り返りを踏まえれば，法人税改革は意図した成果を上げてこなかったと言わざるを得ず，法人税のあり方を転換していかなければならない。これまで現預金を大きく積み上げてきた大企業を中心に企業が国内投資や賃上げに機動的に取り組むよう，減税措置の実効性を高める観点からも，レベニュー・ニュートラルの観点からも，法人税率を引き上げつつターゲットを絞った政策対応を実施するなど，メリハリのある法人税体系を構築していく。税制のみならず，予算や制度改正等の様々な政策手段を総動員して国内投資を促し，持続的な経済成長に向けた動きを取引先の中小企業も含め広く経済社会全体に波及させていく。

2　その他考慮すべき課題

租税特別措置等は，特定の政策目的の実現に有効な政策手段となりうる一方で，税負担の歪みを生じさせる面があり，税制の「公平・中立・簡素」の基本原則に鑑み，真に必要なものに限定していくことが極めて重要である。このため，租税特別措置等の創設や拡充を行う場合は，財源の確保に加え，全体の項目数の抑制に配意すべきである。具体的には，毎年度，期限が到来するものを中心に，各措置の適用実態を検証し，政策効果や必要性を見極めた上で，廃止を含めたゼロベースで見直す。また，存置するものも，各措置の政策意義，効果，性質等に応じて適切な適用期間を設定する。

政策の実効性を高めるためには，抽象的なイメージや単なる期待ではなく，確立されたロジックやデータを用いた分析に基づく議論が求められる。とりわけ，対象者に特定の行動変容を促す，いわゆるインセンティブ措置

については，その効果が厳格に立証されなければならない。そのためには，政策効果の検証が不可欠であり，EBPMについて，要望省庁は当然に，税制当局においても不断の取組みが求められる。

3 地方創生や活力ある地域経済の実現
(1) 地域経済を支える中小企業の取組みを後押しする税制等
① 100億円企業の創出支援

中小企業は，雇用の7割を抱える，わが国にとって重要な経済主体であり，その健全な成長が地域経済の維持・発展のために不可欠であるが，小規模事業者やスタートアップ企業，さらには地域経済を牽引する企業や大きな成長力を有する企業など様々な態様がある。

その中でも，売上高100億円を超えるような中小企業は，輸出や海外展開等により域外需要を獲得するとともに，域内調達により新たな需要を創出する地域の中核となる存在であり，そうした企業を育成することで，地域経済に好循環を生み出していくことが鍵となる。

そのため，売上高100億円超を目指す，成長意欲の高い中小企業が思い切った設備投資を行うことができるよう，中小企業経営強化税制を拡充し，対象設備に建物を加える。また，食品等事業者がワンストップで同税制を活用できる仕組みを構築する。同税制は，EBPM等の観点を踏まえ，適用要件等の見直しを行った上で，中小企業投資促進税制とともに適用期限を2年延長する。

② 中小企業の軽減税率

中小企業の800万円までの所得に適用される軽減税率の特例は，リーマン・ショックの際の経済対策として講じられた時限措置である。今般，賃上げや物価高への対応に直面している中小企業の状況を踏まえ，適用期限を2年延長するが，極めて所得が高い中小企業等については一定の見直しを行うとともに，特例税率が設けられた経緯等を踏まえ，次の適用期限の

到来時に改めて検討する。

　今回の特例税率の見直しの対象となる極めて所得が高い中小企業等の多数は，一定の要件の下で，中小企業経営強化税制の拡充措置を活用することができ，その場合，特例税率の見直しを大きく上回るメリットを受けることができる。こうした税制面での対応により，地域経済における前向きな投資を後押しする。

③　**地域未来投資促進税制**

　地域の特性や魅力を生かした地域社会の創出に向け，地域未来投資促進税制については，各地方自治体が設定する重点分野への設備投資を後押しするため，「高成長投資枠」に対する新たな類型の追加等を行った上で，適用期限を3年延長する。

(2)　企業版ふるさと納税

　地方経済が，人口減少・過疎化や地域産業の衰退等の課題に直面する中，官民が連携してそれらを成長のエンジンへと転換することが求められている。そのため，地方への資金の流れの創出・拡大や地方への人材還流を促す地方創生応援税制（企業版ふるさと納税）の適用期限を延長する。

　地域再生計画の認定が取り消される不適切事案も発生していることを踏まえ，寄附活用事業に係る執行上のチェック機能の強化や活用状況の透明化等の制度の健全な発展に向けて必要な見直しを行い，その効果検証を行うため，延長期間は3年とする。

2 中小企業者等の法人税の軽減税率の特例

Q-2 法人税の軽減税率の特例の延長をめぐる論議
法人税の軽減税率の特例の延長をめぐっては，どのような論議がされたか。

A

今回の中小法人に係る軽減税率の特例をめぐる論議では，投資や賃上げなどに積極的に取り組まない中小企業にも，一律，800万円以下の所得について15％の軽減税率（無条件で32万円の減額）が適用されているのは，合理的ではないという意見もあり，次の期限時には見直しの方向性で，令和7度改正では，2年延長される。

Q-3 改正の概要
法人税の軽減税率の特例の内容について改めて教えてほしい。

A

法人税の軽減税率の特例とは，次のように改正前の制度においては，法人税法及び措置法の2段構えで軽減されていた。この措置法の「法人税の軽減税率の特例」は，原則として今改正により適用期限が2年間延長され，引き続き令和7年4月1日以後令和9年3月31日までに開始する事業年度について適用があることとされる。

【図表1】 法人税の軽減税率の特例の概要

法人区分	所得金額区分	法人税法（法法66）	措置法適用（措法42の3の2）
大法人（法法66①）	一律	23.2%	23.2%
中小法人等＊1（法法66②，措法42の3の2①一）	年800万円以下	19%	15%
	年800万円超	23.2%	23.2%
一般社団法人（非営利型法人），一般財団法人（非営利型法人），公益社団法人，公益財団法人（法法66②，措法42の3の2二）＊1	年800万円以下	19%	15%
	年800万円超	23.2%	23.2%
公益法人等とみなされるもの＊2（法法66②，措法42の3の2二）	年800万円以下	19%	15%
	年800万円超	23.2%	23.2%
人格のない社団等（法法66②，措法42の3の2二）＊1	年800万円以下	19%	15%
	年800万円超	23.2%	23.2%
公益法人等＊3（法法66③，措法42の3の2①三）協同組合等＊4（法法66③，措法42の3の2①三）	年800万円以下	19%	15%
	年800万円超		19%
特定の医療法人（措法67の2，措法42の3の2①四）	年800万円以下	19%	15%
	年800万円超		19%

＊1 中小法人等（法法66②）

　普通法人のうち期末資本金の額若しくは出資金の額が1億円以下であるもの又は資本若しくは出資を有しないもの。下記の＊3で除かれる一般社団法人（非営利型法人），一般財団法人（非営利型法人）以外の一般社団法人，一般財団法人は普通法人としてこの区分に入る。

　ただし，事業年度末において，次の法人は中小法人から除外される（法法66⑥）。
　(1)　保険業法に規定する相互会社（同法第2条第10項に規定する外国相互会社を含み，下記の(2)において「相互会社等」という。）
　(2)　大法人（次に掲げる法人をいい，以下(3)において同じ。）との間にその大法人による完全支配関係がある普通法人

① 資本金の額又は出資金の額が5億円以上である法人
　　② 相互会社等
　　③ 法人税法第4条の7に規定する受託法人（(6)において「受託法人」という。）
　(3) 普通法人との間に完全支配関係がある全ての大法人が有する株式及び出資の全部をその全ての大法人のうちいずれか一の法人が有するものとみなした場合においてそのいずれか一の法人とその普通法人との間にそのいずれか一の法人による完全支配関係があることとなるときのその普通法人
　(4) 投資法人
　(5) 特定目的会社
　(6) 受託法人
＊2　一定のみなし公益法人等
　認可地縁団体，管理組合法人及び団地管理組合法人，法人である政党等，防災街区整備事業組合，特定非営利活動法人並びにマンション建替組合及びマンション敷地売却組合をいう。
＊3　公益法人等
　法人税法別表第二の公益法人等から一般社団法人（非営利型法人），一般財団法人（非営利型法人），公益社団法人，公益財団法人及びみなし公益法人等を除外したもの
＊4　協同組合等
　大規模協同組合（措法68）を除く。大規模協同組合等の年10億円超の金額については22％
＊5　適用除外法人
　平成31年4月1日以後に開始する事業年度において適用除外事業者（その事業年度開始の日前3年以内に終了した各事業年度の所得金額の年平均額が15億円を超える法人等をいう。）に該当する法人の年800万円以下の部分については，19％の税率が適用される。

Q-4　所得金額10億円超法人の適用除外

令和7年度改正により，法人税の軽減税率の特例が，上記のように2年間延長されたが，同時に一定の見直しが行われたとのことである。どのような見直しが行われたのか。

A

　法人税の軽減税率の特例については，2年間延長されるとともに，次のような一定の見直しが行われる。

① 　所得の金額が年10億円を超える事業年度について，所得の金額のうち年800万円以下の金額に適用される税率を17％（現行：15％）に引き上げる。

② 　適用対象法人の範囲から通算法人を除外する。

Q-5　今後の注目点

法人税の軽減税率の特例について，今後どのようなことに注視しておくべきか。

A

　法人税の軽減税率の特例については，今後の見直しが予想される。

　前記**Q-2**の論議などからすると，次の2年後の改正時期には，軽減税率の特例は，廃止される可能性がある。その場合に，本則の法人税法66条2項の軽減税率19％についても見直されるのかどうかが注目される。

3 中小企業投資促進税制の見直し・延長

Q-6 改正の趣旨

中小企業投資促進税制（措法42の6）の改正前の制度の概要はどのようなものか。

A

制度の概要は，次のとおりである。

対象業種	下記の指定事業（娯楽業（映画館はOK），風俗営業等を除く）
対象事業者	中小企業者等（資本金1億円以下の法人，農業協同組合等）
指定期間	<u>令和7年3月31日までに取得し</u>，事業の用に供した場合
特別償却（措法42の6①）	特別償却割合30%（所有権移転外リースは適用なし）
特別控除額（42の6③）	基準取得価額×7%（特定中小企業者等に限る）
特定機械装置等*	機械・装置	全て（1台160万円以上）
	工具	測定工具及び検査工具（1台120万円以上・複数合計の措置有）
	器具・備品	<u>対象設備には該当しない。</u>
	ソフトウェア	1基70万円以上・複数合計の措置有
	貨物自動車	普通自動車・車両総重量3.5 t 以上
	内航船舶	基準取得価額（取得価額×75%）

＊1 内航船舶を除き貸付の用に供するものには適用がない。
＊2 特定中小企業者等とは，資本金の額3,000万円以下の法人及び農業協同組合等

(指定事業)
製造業，建設業，農業，林業，漁業，水産養殖業，鉱業，卸売業，道路貨物運送業，倉庫業，港湾運送業，ガス業，小売業，料理店その他の飲食業（料亭，バー，キャバレー，ナイトクラブその他これらに類する事業にあっては，生活衛生同業組合の組合員が行うものに限る。），一般旅客自動車運送業，海洋運輸業及び沿海運輸業，内航船舶貸渡業，旅行業，こん包業，郵便業，通信業，損害保険代理業，不動産業，サービス業（娯楽業（映画業を除く）を除く）。
(注) 風俗営業法上の性風俗関連特殊営業に該当するものを除く。

Q-7 見直し・延長

改正前の中小企業投資促進税制（措法42の6）については，令和6年3月31日までが期限とされていたが，見直しの上，延長されるとのことである。どのように見直されるのか。

A

　中小企業投資促進税制について，関係法令の改正を前提にみなし大企業の判定における大規模法人の有する株式又は出資から，その判定対象である法人が農地法に規定する農地所有適格法人である場合で，かつ，一定の承認会社がその農地所有適格法人の発行済株式又は出資の総数又は総額の50％を超える数又は金額の株式又は出資を有する場合におけるその株式又は出資を除外した上，その適用期限を2年延長する。

(注) 上記の「一定の承認会社」とは，農林漁業法人等に対する投資の円滑化に関する特別措置法に規定する承認会社のうち地方公共団体，農業協同組合，農業協同組合連合会，農林中央金庫又は株式会社日本政策金融公庫がその総株主の議決権の過半数を有しているものをいう。

> **Q-8 複数税額控除適用の際の控除上限**
> 中小企業投資促進税制と中小企業経営強化税制とを併用した場合の取扱いはどのようになるのか。

A

　中小企業投資促進税制及び上記の中小企業経営強化税制の控除税額の上限について，これらの制度の税額控除における控除税額の合計で，当期の法人税額の20％を上限とする。

　なお，この制度については，繰越税額控除制度がある（別表6（6）付表）。

4 中小企業等経営強化税制の見直し・延長

> **Q-9 改正の概要**
> 法人課税改正の基本的考え方で触れた「地域経済を支える中小企業の取組みを後押しする税制」の「100億円企業の創出支援」の観点から行われる中小企業経営強化税制の見直しとはどのようなものか。

A

　2025年度法人課税改正の基本的考え方で言われている「100億円企業の創出支援」にかかる税制見直しとして行われるのが，従来からある「中小企業経営強化税制の見直し」である。

　中小企業経営強化税制（措法42の12の4）は，A類型からD類型の4類型からなる。令和7年度の改正により，次の見直しが行われた上で，2年間の延長がされる。

① 　C類型を廃止し，B類型について一定の見直しを行う。

② B類型の見直しとは,売上100億円企業の創出を促進するための措置として,売上高100億円の事業計画の作成・認定を要件として,設備取得に建物も含めて,新たに特別償却,税額控除を認めることとする。

＜参考＞改正前の経営強化税制の概要

改正前の中小企業経営強化税制（措法42の12の4）は,次の4類型からなっていた。

■ 制度の概要

類　型	生産性向上設備（A類型）	収益力強化設備（B類型）
要件	① 経営強化法の認定 ② 旧モデル比年平均1％以上改善する設備	① 経営強化法の計画確認 ② 投資収益率が年平均5％以上の投資計画に係る設備
対象設備	・機械・装置（160万円以上） ・測定工具・検査工具（30万円以上） ・一定の器具・備品（30万円以上） ・建物付属設備（60万円以上） ・ソフトウエア（70万円以上）	・機械・装置（160万円以上） ・工具（30万円以上） ・器具・備品（30万円以上） ・建物付属設備（60万円以上） ・ソフトウエア（70万円以上）
確認者	工業会等	経済産業局
指定事業	中小企業投資促進税制の指定事業	
その他要件	生産等設備を構成するものであること,国内投資であること,中古資産・貸付資産でないこと	
特別償却	即時償却（所有権移転外リースは適用なし）	
特別控除	7％税額控除（資本金の額3,000万円以下の法人等は10％）	

＊事業の用に直接供される設備が対象。事務用器具備品,本店,社員寮等の建物付属設備は対象外

類型	デジタル化設備（C類型）	経営資源集約化設備（D類型）
要件	① 経営強化法の計画確認 ② 遠隔操作，可視化，自動制御化のいずれかに該当する設備	① 経営強化法の認定 ② 修正ROA又は有形固定資産回転率が一定以上上昇する設備（M＆A促進設備）
対象設備	・機械・装置（160万円以上） ・工具（30万円以上） ・器具・備品（30万円以上） ・建物付属設備（60万円以上） ・ソフトウエア（70万円以上）	・機械・装置（160万円以上） ・工具（30万円以上） ・器具・備品（30万円以上） ・建物付属設備（60万円以上） ・ソフトウエア（70万円以上）
確認者	経済産業局	経済産業局
指定事業	中小企業投資促進税制の指定事業	
その他要件	生産等設備を構成するものであること，国内投資であること，中古資産・貸付資産でないこと	
特別償却	即時償却（所有権移転外リースは適用なし）	
特別控除	7％税額控除（資本金の額3,000万円以下の法人等は10％）	

＊事業の用に直接供される設備が対象。事務用器具備品，本店，社員寮等の建物付属設備は対象外

Q-10　B類型の見直し

「売上100億円企業の創出を促進するための措置」として行われるB類型の見直し措置とは，具体的には，どのようなものか。

A

　令和7年度改正においてはB類型について，従来の制度に加えて，次の「売上100億円企業の創出」のための措置が追加される。

1　B類型を拡充し，次の設備等を新たに加える

　従来のB類型を拡充し，従来のB類型に加えて新たに次の売上100億円企業を目指す企業の創出のために税制面からの特別償却及び税額控除の支援措置を創設して追加する。

　特定経営力向上設備等に，その投資計画における年平均の投資利益率が7％以上となることが見込まれるものであること及び経営規模の拡大を行うものとして「経済産業大臣が定める要件」に適合することにつき経済産業大臣の確認を受けた投資計画に記載された投資の目的を達成するために必要不可欠な設備（機械装置，工具，器具備品，建物及びその附属設備並びにソフトウエアで，一定の規模以上のもの）を追加する。

　従来の制度に比較し，対象設備に建物も加えた点に特徴がある。

2　「経済産業大臣が定める要件」とは

　経済産業大臣が定める要件は，次のものになる。
① 　売上向上のための施策及び設備投資時期を示した行程表（ロードマップ）を作成していること。
② 　基準事業年度の売上高が10億円超90億円未満であること。なお，「基準事業年度」とは，経営力向上計画の認定を申請する事業年度の直前の事業年度をいう。
③ 　売上高100億円超を目指すための事業基盤，財務基盤及び組織基盤が整っていること。
④ 　売上高100億円超及び年平均10％以上の売上高成長率を目指す投資計画であること。
⑤ 　次の要件を満たす設備投資を行う投資計画であること。
　（イ）　導入予定の設備が，売上高の増加に貢献するものであること。
　（ロ）　経営力向上計画の認定を受けた日から2年以内に導入予定の設備の取得価額の合計額が，1億円と基準事業年度の売上高の5％相当

額とのいずれか高い金額以上であること。
　（ハ）生産性の向上に資する設備の導入に伴い建物及びその附属設備の新設又は増設をするものであること。
⑥　投資計画の計画期間中において、給与等の支給額を増加させるものであること。
⑦　上記のほか、売上高100億円超を目指すために必要とされる要件を満たすこと。
⑧　取得設備の規模等
　取得する設備等は、機械装置は1台160万円以上、工具・器具備品1基30万円以上、建物・付属設備については、一の建物・付属設備の取得価額の合計額が1,000万円以上及びソフトウエアについては、一の取得価額が70万円以上のものである。

3　特別償却限度額・税額控除

①　特別償却については即時償却。ただし、建物・付属設備については、その取得価額の15％又は25％となる。
②　税額控除については取得価額の7％。ただし建物及びその付属設備については1％又は2％となる。なお、一定の中小企業者等（資本金額が3,000万円以下の中小企業者等をいう。）が取得等をする設備（建物及びその附属設備を除く。）の税額控除率は10％とする。ただし、取得設備等の取得価額のうち対象となる金額は60億円を限度とする。

（注1）建物及びその附属設備の特別償却率又は税額控除率は、その建物及びその附属設備を事業の用に供する事業年度（以下「供用年度」という。）の給与増加割合が2.5％以上である場合には、それぞれ15％又は1％とし、供用年度の給与増加割合が5％以上である場合には、それぞれ25％又は2％とする。ただし、供用年度の給与増加割合が2.5％未満の場合又は前記⑤の投資計画に記載された供用年度の給与増加割合が2.5％未満の場合には、建物及びその附属設備については、特別償却及び税額控除は適用できないこととする。

(注2) 上記の「給与増加割合」とは，その事業年度における雇用者給与等支給額からその事業年度の前事業年度における雇用者給与等支給額を控除した金額のその事業年度の前事業年度における雇用者給与等支給額に対する割合をいう。
(注3) 上記の「雇用者給与等支給額」とは，法人の所得の金額の計算上損金の額に算入される国内の事業所に勤務する雇用者に対する給与等の支給額をいう。
(注4) 上記の「一定の中小企業者等」とは，中小企業者等のうち，資本金の額又は出資金の額が3,000万円を超える法人（農業協同組合等及び商店街振興組合を除く。）以外の法人をいう。

前記1の経済産業大臣の確認を受けた中小企業者等は，その確認を受けた投資計画の計画期間中は，中小企業投資促進税制及び中小企業者等の少額減価償却資産の取得価額の損金算入の特例の適用を受けることができないことになる。

【図表2】 100億企業（売上100億円超の中小企業）は現状4,500者程度

（出所） 経済産業省ホームページ：「令和7年度経済産業関係税制改正について」より

Q-11　その他の見直し点

「100億円企業の創出」のための見直しのほか，中小企業経営強化税制について行われる見直しには，どのようなものがあるか。

A

特定経営力向上設備等について，次の見直しを行う。
(1)　一定の時期に発売された設備で，旧モデル比で経営力の向上の指標が年平均1％以上向上するものであるもの（A類型）の経営力の向上の指標について，単位時間当たり生産量，歩留まり率又は投入コスト削減率のいずれかにより評価することとする。
(2)　その投資計画における年平均の投資利益率が5％以上となることが見込まれるもの（通常のB類型）であることにつき経済産業大臣の確認を受けた投資計画に記載された投資の目的を達成するために必要不可欠な設備の投資利益率を7％に引き上げる。
(3)　次の設備を除外する。
　①　遠隔操作，可視化又は自動制御化に関する投資計画に記載された投資の目的を達成するために必要不可欠な設備（デジタル化設備）
　②　暗号資産マイニング業の用に供する設備
(4)　次の設備を対象設備に追加する。
　　食品等の流通の合理化及び取引の適正化に関する法律の改正を前提に，中小企業者等が，中小企業等経営強化法の経営力向上計画の認定があったものとみなされる改正後の食品等の流通の合理化及び取引の適正化に関する法律の認定を受けた持続的供給事業活動計画（仮称）に記載された経営力向上設備等の取得等をする場合のその経営力向上設備等について，改正後の本制度の対象とする。
(5)　関係法令の改正を前提に，みなし大企業の判定における大規模法人の有する株式又は出資から，その判定対象である法人が農地法に規定

する農地所有適格法人である場合で、かつ、一定の承認会社がその農地所有適格法人の発行済株式又は出資の総数又は総額の50％を超える数又は金額の株式又は出資を有する場合におけるその株式又は出資を除外する。

Q-12　改正の適用関係

中小企業経営強化税制の適用関係は、どのようになっているか。

A

上記の見直しを行った上でその適用期限を2年間延長し、令和9年3月31日までの間に開始する各事業年度に適用される。

5　地域経済牽引事業の促進区域内において特定事業用機械等を取得した場合の特別償却・税額控除の見直し・延長

Q-13　改正の趣旨

今回の改正で本制度（措法42の11の2）はどのように見直されるか教えてほしい。

A

特別償却率を50％に、税額控除率を5％にそれぞれ引き上げる措置について、次の措置が講じられる。

(1)　本措置の対象に、次の要件のすべてを満たす場合を加える。
　（イ）　その承認地域経済牽引事業者のその承認地域経済牽引事業が、その承認の際に適合すると認められた地域経済牽引事業の促進に

よる地域の成長発展の基盤強化に関する法律に規定する同意基本計画において次の要件を満たすものとして指定された業種（以下「指定業種」という。）に該当すること又は指定業種に該当する事業を行う事業者と直接の取引関係を有する一定の事業に該当すること。

　　a　その地方公共団体におけるその業種の付加価値額の増加率又はその付加価値額のその県内総付加価値額に占める割合が全国平均に比して一定水準以上であること。

　　b　その地方公共団体におけるその業種の売上高の総額、就業者の総数又は給与の総額のいずれかについて、直近5年間の伸び率が10％以上であること。

　　c　その地方公共団体において、その業種の振興に関する具体的な目標等を定めており、予算措置等の具体的な取組みが実施されていること。

　（ロ）その承認地域経済牽引事業計画に定められた施設又は設備を構成する減価償却資産の取得予定価額の合計額が10億円以上であること。

　（ハ）その承認地域経済牽引事業が1億円以上の付加価値額を創出すると見込まれるものであること。

　（ニ）その承認地域経済牽引事業について、労働生産性の伸び率及び投資収益率が一定水準以上となることが見込まれること。

(2)　本措置の対象である直前事業年度における付加価値額の増加率が8％以上である場合について、その要件にその承認地域経済牽引事業が1億円以上の付加価値額を創出すると見込まれるものであることを加える。

(3) 労働生産性の伸び率が4％以上となることが見込まれることとの要件におけるその対象である中小企業者の範囲について，所要の措置を講ずる。

　① 機械装置及び器具備品の特別償却率を35％（現行：40％）に引き下げる。

　② 特定地域経済牽引事業施設等に係る投資規模要件を1億円以上（現行：2,000万円以上）に引き上げる。

　③ 承認地域経済牽引事業の主務大臣の確認要件について，次の見直しを行う。

　　イ　対象となる事業類型からサプライチェーンの強じん化に資する類型を除外する。

　　ロ　要件に，労働生産性の伸び率又は投資収益率が一定水準以上となることが見込まれることとの要件を加える。

　　ハ　先進性に係る要件について，次の運用の改善を行う。

　　　（イ）労働生産性の伸び率又は投資収益率が一定水準以上となることが見込まれることの確認を不要とする。

　　　（ロ）先進性が認められない事業の明確化その他の評価委員の評価精度の向上に向けた措置を講ずる。

(4) 減価償却資産の取得予定価額の合計額に係る規模要件を1億円以上（現行：2,000万円以上）に引き上げる。

(5) 対象事業を行う承認地域経済牽引事業者（以下「対象事業者」という。）が取得する予定の減価償却資産の取得予定価額がその対象事業者の前事業年度における減価償却費の額の20％以上の額であることとの要件について，次の見直しを行う。

　（イ）前事業年度における減価償却費の額について，会社法の適用の

ない法人からの出資が過半数である場合の算出方法を明確化する。
（ロ）　前事業年度における減価償却費の額に乗ずる割合を25％に引き上げる。

【図表３】地域経済牽引促進事業の促進区域内において特定事業用機械等を取得した場合の特別償却・税額控除の特例の改正概要（下線部分）

対象者	地域経済牽引事業計画*1の承認を受けた者	
機械装置器具備品	通常枠*2	特別償却35％又は税額控除4％
	通常枠の要件及び下記①を満たした上で，②，③，④のいずれかを満たす ①　労働生産性の伸び率５％*3以上かつ投資収益率５％以上 ②　創出される付加価値額が１億円以上，かつ，直近事業年度の付加価値額増加率が８％以上 ③　創出される付加価値額が３億円以上，かつ，事業を実施する企業の前年度と前々年度の平均付加価値額が50億円以上 ④　創出される付加価値額が１億円以上，かつ，自治体が指定する地域の経済発展・成長に特に資する分野に該当する事業であって，設備投資額が10億円以上であること	特別償却50％又は税額控除5％
	中堅企業枠	特別償却50％又は税額控除6％
建物，附属設備，構築物	特別償却20％／税額控除2％	

＊１　地方自治体が策定し，国が同意した基本計画に基づき策定した事業計画であり，都道府県知事による承認が必要。
＊２　サプライチェーン類型は廃止される。
＊３　中小企業者については労働生産性の伸び率が４％以上とする。
（出所）　経済産業省ホームページ：「令和７年度経済産業関係税制改正について」より

6 企業版ふるさと納税の見直し・延長

Q-14 改正の趣旨

企業版ふるさと納税制度について，一部の見直しの上，延長されるとのことであるが，どのような改正内容か。

A

　企業版ふるさと納税制度（措法42の12の2）については，寄附企業との癒着等を防止するための，次のような一定の措置が手当てされる。

① 寄附活用事業の完了の時及び各会計年度終了の時に，寄附活用事業を適切に実施していることを確認した書面（以下「確認書面」という。）を内閣総理大臣に提出しなければならないこととする。

② 認定地方公共団体が，その実施する寄附活用事業に関連する寄附金を受領した場合において，その寄附活用事業に係る契約等が，その寄附活用事業に係る事業の入札において応札者が一の者などのみであり，かつ，その事業に係る契約者等が寄附法人等である場合などの場合は，その認定地方公共団体は内閣総理大臣にその寄附金を支出した法人の名称を報告するとともに，その寄附金を支出した法人の名称を公表することとするなど。

◆「企業版ふるさと納税制度」に係る事業認定の取り消し

　企業版ふるさと納税制度を利用した福島県国見町の地域活性化事業について，事業への寄附が企業側に還流していた疑惑を巡り，内閣府は「（企業側への）見返りがあった」と判断して事業の認定を取り消した（令和7年11月）。

Q-15　制度の延長

上記見直しの上，制度そのものは何年，延長されるのか。

A

本制度は上記見直しの上，3年間延長される。なお，上記見直しと同様な見直しが，地方税においても手当てされる。

７ 再資源化事業高度化設備等の特別償却制度の新設

Q-16　改正の趣旨

今回の改正で再資源化事業高度化設備等の特別償却制度が新設された背景はどのようなものか。

A

資源循環は，カーボンニュートラルのみならず，経済安全保障や地方創生など社会的課題の解決に貢献でき，あらゆる分野で実現する必要がある。欧州を中心に世界では，再生材の利用を求める動きが拡大しており，対応が遅れれば成長機会を逸失する可能性が高く，わが国としても，再生材の質と量の確保を通じて資源循環の産業競争力を強化することが重要である。

本制度の新設は，このような状況を踏まえ，資源循環を進めていくため，製造業者等が必要とする質と量の再生材が確実に供給されるよう，再資源化事業等の高度化を促進し，資源循環産業の発展を目指すものである。「脱炭素型資源循環システム構築に向けた具体的な施策のあり方について」を踏まえて資源循環の促進のための再資源化事業等の高度化を行うものである。

Q-17 改正の概要

新設された再資源化事業高度化設備等の特別償却制度の基本的内容はどのようなものか。

A

　青色申告書を提出する法人で資源循環の促進のための再資源化事業等の高度化に関する法律の高度再資源化事業計画又は高度分離・回収事業計画の認定を受けたものが、同法の施行の日から令和10年3月31日までの間に、再資源化事業等高度化設備の取得等をして、その法人の高度再資源化事業又は高度分離・回収事業の用に供した場合には、その取得価額の35％の特別償却ができることとする。

　「再資源化事業等高度化設備」とは、認定高度再資源化事業計画又は認定高度分離・回収事業計画に記載された廃棄物処理施設を構成する機械装置及び器具備品のうち、再資源化事業等の高度化に著しく資する設備として環境大臣が財務大臣と協議して指定するもので、一定の規模以上のものになる。この「一定の規模以上のもの」とは、1台又は1基の取得価額がそれぞれ次の金額以上のものをいう。なお、対象資産の取得価額の合計額のうち本制度の対象となる金額は20億円を限度とする。

① 機械装置2,000万円
② 器具備品200万円

8 リース税制の整備

Q-18 改正の趣旨

新リース会計基準が導入されるが、同基準の特徴はどのようなものか。

A　企業会計基準委員会（ASBJ）が令和6年9月に公表した新リース会計基準（企業会計基準第34号「リースに関する会計基準」，企業会計基準適用指針第33号等）では，借手の会計処理について，ファイナンス・リースとオペレーティング・リースの区分が廃止され，すべてのリースについて使用権資産とリース負債を貸借対照表に計上した上で，使用権資産に係る減価償却費とリース負債に係る利息相当額を費用計上することになった（短期リース・少額リースを除く）。

その結果，新リース会計基準が適用される令和9年4月1日以後開始する事業年度等の期首（早期適用は令和7年4月1日以後開始する事業年度等の期首）から，会計上，オペレーティング・リースの賃貸借処理が認められなくなる。

【図表4】リース会計基準の改正

① 旧リース会計基準の区分の概要

リースの種類	会計処理
ファイナンス・リース	（売買取引） リース資産／リース債務
オペレーティング・リース	（賃貸借処理） 賃借料／現預金
非リース	

② 新リース会計基準の区分の概要

リースの種類	会計処理
リース	（売買取引） リース資産／リース債務
非リース	（賃貸借処理） 賃借料／現預金

Q-19 制度の概要

新リース会計基準の処理に対して税制処理はどうなるか。

A

1 オペレーティング・リース取引に係る処理も損金算入処理

　法人が各事業年度にオペレーティング・リース取引によりその取引の目的となる資産の賃借を行った場合において，その取引に係る契約に基づきその法人が支払う金額があるときは，その金額のうち債務の確定した部分の金額は，その確定した日の属する事業年度に損金算入する。この場合の「オペレーティング・リース取引」とは，資産の賃貸借のうちリース取引（ファイナンス・リース取引）以外のものをいうものとされている。

　また，上記のリース契約に基づき支払う金額には，その資産の賃借のために要する費用の額及びその資産を事業の用に供するために直接要する費用の額を含むものとし，その事業年度の収益に係る売上原価，完成工事原価その他これらに準ずる原価の額，固定資産の取得に要した金額とされるべき費用の額及び繰延資産となる費用の額は除かれる。

　売上原価の額となるものは，売上収益との対応関係が問題となるので，棚卸資産等に処理されることになる。

2 会計基準の処理との乖離

　法人税が，オペレーティング・リース取引について，上記1のように賃借料の損金処理とすると，新リース会計基準との乖離が生じ，申告調整が必要になる。

　すなわち，新リース会計基準に基づく使用権資産に係る減価償却費とリース負債に係る利息との合計額が賃借料相当額を超える場合は，その超える部分の金額は損金算入できないことになり，別表四，五（一）での加算調整が必要になってくる。

Q-20 リース譲渡に係る帰属年度の特例の廃止

新リース会計基準の導入を考慮して，法人税においてもリース譲渡に係る延払基準制度が廃止されるとのことであるが，どのような取扱いとなるのか。

A

1 リース譲渡に係る延払基準の廃止

法人が，リース取引によるリース資産の引渡し（リース譲渡）を行った場合については，リース譲渡に係るリース収益の額，費用の額を，その事業年度以後の各事業年度の確定した決算において延払基準の方法により経理したときは，法人税の所得金額の計算上において，その延払基準による処理を認めることとされていた（法法63）。

この延払基準の処理については，国際会計基準で認められない処理であることから，新リース会計基準でも認められない延払基準による処理を法人税においても認めないこととし，経過措置を設けて廃止することとされた。

2 経過措置

なお，上記の延払い基準の廃止に伴って，以下の経過措置が設けられている。

(1) 令和7年4月1日前にリース譲渡を行った法人の令和9年3月31日以前に開始する事業年度において行ったリース譲渡について，延払基準の方法（同日後に開始する事業年度にあっては，リース譲渡に係る利息相当額のみを同日後に開始する各事業年度の収益の額とする方法に限る。）により収益の額及び費用の額を計算することができることとする。

(2) (1)とともに，令和7年4月1日から令和9年3月31日までの間に開始する事業年度において延払基準の適用をやめた場合の繰延リース利益額を5年均等で収益計上する等の経過措置が手当てされる。

Q-21　リース期間定額法における残価保証額の取扱いの改正

リース資産の減価償却において，取得価額に含まれている残価保証額の取扱いに係る改正はどのようなことか。

A

　令和9年4月1日以後に締結された所有権移転外リース取引に係る契約に係るリース資産の減価償却について，リース期間定額法の計算において取得価額に含まれている残価保証額を控除しないこととし，リース期間経過時点に1円（備忘価額）まで償却できることとする。

　なお，令和9年3月31日までに締結された所有権移転外リース取引に係る契約に係るリース資産（その取得価額に残価保証額が含まれているものに限る。）については，令和7年4月1日以後に開始する事業年度の償却方法について，改正後のリース期間定額法により償却できることとする経過措置が手当てされる。

9　非営利型法人の要件

Q-22　非営利型法人の要件の改正

今回の改正で非営利型法人の要件はどのようになるのか。

A

1　一般社団法人・一般財団法人に対する法人税の取扱いの概要

　前提として公益法人制度における一般社団法人・一般財団法人に対する

法人税の取扱いの概要は以下のとおりである。
(1) 公益社団法人及び公益財団法人の認定等に関する法律（公益法人認定法」という。）に基づく公益認定を受けた公益社団法人・公益財団法人

公益法人等として取り扱われ，法人税法上の収益事業から生じた所得が課税対象となる。なお，公益目的事業は収益事業から除かれているため，公益目的事業から生じた所得は課税対象にならない。

(2) 公益法人認定法に基づく公益認定を受けていない一般社団法人・一般財団法人

① 法人税法上の非営利型法人の要件を満たすもの（「非営利型法人」という。）

公益法人等として取り扱われ，収益事業から生じた所得が課税対象となる。

② ①以外のもの（「非営利型法人以外の法人」という。）

普通法人として取り扱われ，すべての所得が課税対象となる。

■ 課税所得の範囲

	公益社団法人 公益財団法人	公益認定を受けていない 一般社団法人・一般財団法人	
		非営利型法人	非営利型法人以外の法人
法人税法上の法人区分	公益法人等	公益法人等	普通法人
課税所得の範囲	収益事業から生じた所得が課税対象（注）	収益事業から生じた所得が課税対象（注）	全ての所得が課税対象

(注) 公益社団法人・公益財団法人の公益目的事業から生じた所得は課税対象にならない。

2　今年度の改正点

　非営利型法人の要件のうち「その定款に解散したときはその残余財産が公益社団法人等に帰属する旨の定めがあること」及び「その定款に解散したときはその残余財産が特定の個人又は団体（公益社団法人等を除く。）に帰属する旨の定めがないこと」との要件について，その残余財産の帰属先として認められるものの範囲に，公益信託制度改革により創設される新たな公益信託制度における公益信託の信託財産が加えられる。

10　その他の改正項目

Q-23　その他の法人税に係る令和7年度改正項目
その他の法人税に係る令和7年度改正項目にはどのようなものがあるか。

A

　次のような各項目がある。

1　共同で事業を行うための合併又は分割で対象組合のみが当事者となる者に係る適格要件の見直し

　共同で事業を行うための合併又は分割型分割であって，特別の法律により設立された法人のうちその組合員である事業者又は消費者の相互扶助その他これに類する目的を有する一定のもの（以下「対象組合」という。）のみが当事者となるものに係る適格要件について，次の見直しが行われる。
(1)　その合併については，事業規模比5倍以内要件及び特定役員引継要件（その合併の直前にその合併に係る被合併法人の全てについて他の者との間に当該他の者による支配関係がない場合等には，株式継続保有要件を含む。）を除外する。

(2) その分割型分割については，事業規模比5倍以内要件及び特定役員引継要件（その分割型分割の直前にその分割型分割に係る分割法人の全てについて他の者との間にその他の者による支配関係がない場合には，株式継続保有要件を含む。）を除外する。

(注) 上記の「対象組合」とは，次の法人をいう。
① 公益法人等（法人税法別表第二）のうち，漁業共済組合，漁業共済組合連合会，漁船保険組合，酒造組合，酒造組合中央会，酒造組合連合会，酒販組合，酒販組合中央会，酒販組合連合会，商工組合，商工組合連合会，農業共済組合，農業共済組合連合会，公的医療機関に該当する病院等を設置する農業協同組合連合会，輸出組合及び輸入組合
② 協同組合等（法人税法別表第三）のうち，次のもの以外のものイ漁業生産組合ロ生活衛生同業組合ハ生活衛生同業組合連合会ニ生産森林組合ホ農事組合法人（農業の経営（その行う農業に関連する一定の事業及び農業と併せ行う林業の経営を含む。）を行うものに限る。）
③ 特例農業協同組合中央会

2 公益法人等の収益事業に係る課税についての見直し

公益法人の公益事業の範囲について，次の見直しが行われる。

(1) 収益事業から除外される民間都市開発推進機構が参加業務として行う不動産販売業及び不動産貸付業に，都市再生特別措置法に規定する認定整備事業計画に記載された緑地等管理効率化設備及び再生可能エネルギー発電設備等の整備に要する費用の一部を負担して行うものを追加する。

(2) 次の収益事業から除外される医療保健業の各要件について，社会保険診療等に係る収入金額の範囲に補助金等に係る収入金額を加えるとともに，計算の基礎となる全収入金額又は事業収益の額を医療保健業務による収入金額（補助金等に係る収入金額を含むものとし，経常的なものに限る。）とする。

① 医師会法人等がその開設する病院又は診療所において行う医療保健業の要件のうち社会保険診療等に係る収入金額の合計額が全収入金額の100分の60を超えることとの要件
② 公的医療機関に該当する病院等を設置する農業協同組合連合会が行う医療保健業の要件のうち社会保険診療等に係る収入金額の合計額が事業収益の額の100分の80を超えることとの要件
③ 無料又は低額な料金による診療事業等を行う公益法人等が行う医療保健業の要件のうち社会保険診療等に係る収入金額の合計額が全収入金額の100分の80を超えることとの要件
 (注1) 上記の「補助金等に係る収入金額」とは，国又は地方公共団体(以下「国等」という。)から交付される補助金その他相当の反対給付を伴わない給付金(固定資産の取得に充てるためのものを除くものとし，国等に代わってその交付に係る事務を行う者から交付されるものを含む。)に係る収入金額及び国等からの委託(国等に代わってその委託に係る事務を行う者からの委託を含む。)を受けて行う事業に係る収入金額であって，医療保健業務に係るものをいう。
 (注2) 上記の「医療保健業務」とは，上記①から③までの法人のそれぞれの本来業務及び附帯業務(医業及びこれに類する業務，介護サービスに係る業務並びに障害福祉サービスに係る業務に限る。)をいう。ただし，上記②の法人の附帯業務にあっては，障害福祉サービスに係る業務を除くものとする。

3 通算法人が行った株式分配に係るみなし配当，所有株式の譲渡損益の計算上の完全子法人株式対応帳簿価額についての見直し

　通算法人の行った株式分配に係るみなし配当の額の計算の基礎となる分配資本金額等及び資本金等の額から減算する金額並びに通算法人の株主がその通算法人の行った株式分配により完全子法人の株式等の交付を受けた場合の所有株式の譲渡損益の計算の基礎となる完全子法人株式対応帳簿価額について，株式分配の直前のその通算法人の資本金等の額及び株式分配

の直前の所有株式の帳簿価額に乗ずる割合につき次のように見直しを行うこととする。
(1) 割合の分子の金額について，その完全子法人の株式の投資簿価修正前の帳簿価額に簿価修正相当額を加減算した金額とする。
(2) 割合の分母の金額について，株式分配の直前の時において上記の通算法人の有する完全子法人の株式に係る簿価修正相当額を加減算する。
(3) 上記(1)の「簿価修正相当額」とは，離脱法人の株式を有する通算法人の株式分配の日の属する事業年度の前事業年度終了の時（以下「前期期末時」という。）においてその離脱法人が有する資産の帳簿価額の合計額及び負債の帳簿価額の合計額を株式分配の直前においてその離脱法人が有する資産の帳簿価額の合計額及び負債の帳簿価額の合計額とみなして投資簿価修正の規定を適用した場合の簿価純資産不足額又は簿価純資産超過額に相当する金額をいう。
(4) 上記(3)の「離脱法人」とは，他の通算法人（初年度離脱通算子法人及び通算親法人を除く。）のうち上記の株式分配に起因して通算終了事由が生ずるものをいう。
(5) 上記(3)の前事業年度終了の時は，上記(3)の通算法人が株式分配の日以前6月以内に仮決算による中間申告をしていた場合には，その中間申告に係る期間終了の時とする。
(6) 前期期末時から株式分配の直前の時までの間に上記(3)の離脱法人の資本金等の額又は利益積立金額（所得の金額及び投資簿価修正に係る金額を除く。）の増減がある場合には前期期末時においてその離脱法人が有する資産の帳簿価額の合計額及び負債の帳簿価額の合計額にその増減額を加減算し，株式分配の直前の時において上記(3)の離脱法人が有する資産に他の離脱法人の株式がある場合には前期期末時においてその離脱法人が有する資産の帳簿価額の合計額及び負債の帳簿価額の合計額に他の離脱法人の株式の簿価修正相当額を加減算する。

(7) 通算法人の行った適格株式分配に係る資本金等の額から減算する金額並びに通算法人の行った分割型分割に係るみなし配当の額の計算の基礎となる分割資本金額等及び資本金等の額から減算する金額並びに通算法人の株主がその通算法人の行った分割型分割により分割承継法人の株式等の交付を受けた場合の所有株式の譲渡損益の計算の基礎となる分割純資産対応帳簿価額についての分割型分割の直前のその通算法人の資本金等の額及び分割型分割の直前の所有株式の帳簿価額に乗ずる割合の計算上含まれる通算子法人の株式の帳簿価額についても、同様とする。

4 その他

上記以外の法人税法の改正項目としては、次のような措置が手当てされる。

＜その他の法人税法の改正措置＞

(1)	国庫補助金等で取得した固定資産等の圧縮記帳（法法42関係）	圧縮記帳制度の対象となる国庫補助金等の範囲について、国立研究開発法人新エネルギー・産業技術総合開発機構法に基づく次の補助金等を加える。 ① 鉱工業技術に関する研究開発の成果の企業化に必要な事業活動に要する資金に充てるための補助金 ② デジタル・ロボットシステム技術基盤構築事業等に係る助成金
(2)	不正行為等に係る費用等（法法55関係）	スマートフォンにおいて利用される特定ソフトウェアに係る競争の促進に関する法律の施行に伴い、同法の課徴金制度における課徴金及び延滞金について、損金算入しないこととする。
(3)	特定受益証券発行信託の受益権の払戻しに係る譲渡損益計算関係（法法61の2関係）	受益証券発行信託に関する会計の見直しを前提に、法人が有する特定受益証券発行信託の受益権（以下「所有受益権」という。）につき元本の払戻しとして金銭の交付を受けた場合における所有受益権の譲渡損益の計算について、その譲渡原価を所有受益権の帳簿価額に元本減少

	割合を乗じて計算した金額とするほか，所要の措置を講ずる。
(4) 公共法人の範囲（法別表第一関係）	社会保険診療報酬支払基金法等の改正を前提に，社会保険診療報酬支払基金の業務範囲の見直し等が行われた後も，引き続き公共法人とする。
(5) 土地改良法の改正に伴う公共法人等・公益法人等の範囲（法人税法別表第一，第二関係）	土地改良法の改正により次の法人の解散時の財産処分に係る見直し等が行われた後も，引き続き次のとおりとする。 ① 土地改良区及び土地改良区連合を公共法人とする。 ② 土地改良事業団体連合会を公益法人等とする。
(6) 公共法人の範囲（法別表第一関係）	独立行政法人男女共同参画機構法（仮称）の制定を前提に，独立行政法人男女共同参画機構（仮称）を公共法人とする。
(7) 公益法人等（法人税法別表第二関係）	① 日本学術会議法（仮称）の制定を前提に，日本学術会議の法人化により新たに設立される法人を公益法人等とする。 ② 科学技術・イノベーション創出の活性化に関する法律の改正を前提に，先端技術研究成果活用機構（仮称）を公益法人等とする。
(8) 公益法人等・社会医療法人関係（法人税法別表第二関係）	社会医療法人制度における認定要件について，関係法令の改正により次の見直しが行われた後も，その見直し後の社会医療法人を引き続き公益法人等とする。 ① 社会保険診療等に係る収入金額の合計額が全収入金額の100分の80を超えることとの要件について，社会保険診療等に係る収入金額の範囲に補助金等に係る収入金額を加えるとともに，計算の基礎となる全収入金額を医療保健業務による収入金額（補助金等に係る収入金額を含むものとし，経常的なものに限る。）とする。 ② 医療診療による収入金額が患者のために直接必要な経費の額に100分の150を乗じて得た額の範囲内であることとの要件について，現行の医療診療による収入金額及び患者のために直接必要な経費の額の範囲に係る取扱いを法令上明確化するとともに，その収入

	金額の範囲に補助金等に係る収入金額を加える ③　本来業務に係る費用の額が経常費用の額の100分の60を超えることとの要件について，現行の本来業務に係る費用の額及び経常費用の額の範囲に係る取扱いを法令上明確化するとともに，下限となる割合を100分の63とする。 （注1）　上記の「補助金等に係る収入金額」とは，国等から交付される補助金その他相当の反対給付を伴わない給付金（固定資産の取得に充てるためのものを除くものとし，国等に代わってその交付に係る事務を行う者から交付されるものを含む。）に係る収入金額及び国等からの委託（国等に代わってその委託に係る事務を行う者からの委託を含む。）を受けて行う事業に係る収入金額であって，医療保健業務（上記②にあっては，本来業務）に係るものをいう。 （注2）　上記の「医療保健業務」とは，社会医療法人の本来業務及び附帯業務（医業及びこれに類する業務，介護サービスに係る業務並びに障害福祉サービスに係る業務に限る。）をいう。
（9）　公益法人等（法人税法別表第二関係，法令5関係） （マンションの建替え等の円滑化に関する法律の改正関係）	①　マンション除却組合（仮称）を公益法人等とみなして，収益事業から生じた所得以外の所得について非課税とする。 ②　マンション建替組合及びマンション敷地売却組合のマンション再生組合（仮称）及びマンション等売却組合（仮称）への改組後も，引き続き公益法人等とみなす。 ③　敷地分割組合の業務範囲の見直し後も，引き続き公益法人等とみなす。

11 その他の租税特別措置法に関する改正

Q-24 措置法の見直し・延長等の項目

措置法の改正項目のうち，すでに取り上げた項目以外で令和7年度改正により，見直し・延長・縮小・廃止等の措置がとられたものにはどのようなものがあるか。

A

次のような各項目がある。

＜措置法改正項目（見直し・延長・縮小・廃止措置）＞

(1) 沖縄関連税制について（措法42の9関係）	1号から4号の対象施設等の見直しを行った上で各措置を2年延長する。また，5号の経済金融活性化特別区域に関する措置は2年間延長する。
(2) 事業適応設備を取得した場合等の特別償却・税額控除（措法42の12の7）	食品等の流通の合理化及び取引の適正化に関する法律の改正を前提に，産業競争力強化法の事業適応計画（エネルギー利用環境負荷低減事業適応に関するものに限る。）の認定があったものとみなされる改正後の食品等の流通の合理化及び取引の適正化に関する法律の認定を受けた環境負荷低減事業活動計画（仮称）に従って行うエネルギー利用環境負荷低減事業適応のための措置として導入する生産工程効率化等設備の取得等をする場合のその生産工程効率化等設備について，カーボンニュートラルに向けた投資促進税制の対象とする。
(3) 保険会社等の異常危険準備金（措法57の5）	保険会社等の異常危険準備金制度について，異常災害損失に係る保険の種類について火災保険等，動産総合保険等及び賠償責任保険を同一の区分とした上，その区分に係る異常災害損失率を55％（現行：50％）とするなどの見直しをして3年延長する。

(4) 探鉱準備金・海外探鉱準備金（措法58）	積立限度額の見直しをした上で3年延長する。
(5) 沖縄の認定法人課税の特例（措法60）	沖縄の国際物流拠点集積地域における認定法人の所得控除制度につき，対象事業や国際物流拠点産業集積地域につき見直しをした上で2年延長する。
(6) 農業経営基盤強化準備金（措法61の2）	農用地のうち農業経営基盤強化促進法に規定する地域計画の区域においてその法人の利用が見込まれるものの取得に充てるための金額（現行：農用地の取得に充てるための金額）に限定するなどの見直しをして2年延長する。
(7) 特定の医療法人の法人税率の特例（措法67の2）	特定の医療法人の法人税率の特例における承認要件について，次の見直しを行う。 ① 社会保険診療等に係る収入金額の合計額が全収入金額の100分の80を超えることとの要件について，社会保険診療等に係る収入金額の範囲に補助金等に係る収入金額を加えるとともに，計算の基礎となる全収入金額を医療保健業務による収入金額とする。 ② 医療診療による収入金額が患者のために直接必要な経費の額の要件について，現行の医療診療による収入金額及び患者のために直接必要な経費の額の範囲に係る取扱いを明確化するとともに，その収入金額の範囲に補助金等に係る収入金額を加える。
(8) 認定特定高度情報通信技術活用設備を取得した場合の特別償却・特別控除（措法42の12の6）	令和7年3月末の期限到来をもって廃止となる。
(9) DX税制（措法42の12の7①，②）	DX（デジタルトランスフォーメーション投資促進税制）は，適用期限（令7.3.31）の到来をもって廃止する。
(10) 関西文化学術研究都市の文化学術研究地区における文化学術研究施設の特別償却（措法44）	施設規模要件を見直した上で2年延長する。

(11)	特定事業継続力強化設備等の特別償却（措法44の2）	サーモグラフィ装置を除外した上で2年延長する。
(12)	共同利用施設の特別償却（措法44の3）	建物取得価額要件を50万円引き上げて2年延長する。
(13)	特定地域における工業用機械等の特別償却（措法45）	コールセンター，市場調査業務等を除外して2年延長する。
(14)	医療用機器等の特別償却制度（措法45の2）	対象機器の見直しをした上，2年延長する。
(15)	農業協同組合等の合併に係る課税の特例（措法68の2）	適用期限（令和7年3月31日）の到来をもって廃止される。
(16)	特定目的信託に係る受託法人の課税の特例（措法68の3の2）	関係法令の改正を前提に，超過分配事業年度における金銭の分配の額が分配可能利益の額の90％を超えていることとする要件における分配可能額の計算上加算される超過分配額を，金銭の分配の額が受託法人の当該事業年度終了の時における純資産価額から元本の額及び評価・換算差額等の額の合計額を控除した金額（現行：純資産価額から元本の額を控除した金額）を上回る場合におけるその上回る部分の金額とする。
(17)	土地の譲渡等がある場合の特別税率の適用除外措置（優良住宅地の造成等のための譲渡等に係る適用除外措置）（震災特例法18の10②ほか）	帰還・移住等環境整備推進法人に対する土地等の譲渡に係る法人の一般の土地譲渡益に対する追加課税制度の適用除外措置（優良住宅地の造成等のための譲渡等に係る適用除外）は，令和7年3月31日をもって廃止する。

Ⅴ 消費課税

1 輸出物品販売場制度

> **Q-1　輸出物品販売場制度の概要と問題点**
> 現行法における輸出物品販売場制度の概要と問題点について説明してほしい。

A

　輸出物品販売場（DFS：Duty Free Shop）で免税購入対象者（外国人旅行者）に販売した商品は，その購入した外国人旅行者により国外に輸出され，最終的に国外で消費，使用されることになる。

　そこで，免税ショップで所定の手続きの下に販売されたものについては，その譲渡について消費税を免除することとしている（消法8，消令18）。

　免税対象物品は，当然のことながら出国の際に持ち帰ることが義務付けられており，国内での売買（横流し）には厳しい罰則規定が設けられている（消法8③〜⑥）。

　しかし，上記のような罰則規定があるにもかかわらず，免税品の横流し等の不正事例は後を絶たない。出国時に旅券の提示を回避するなどして，多くの者が税関検査を逃れているのが実態である。捕捉して即時徴収しようにもその多くは納税資金を持ち合わせておらず，ほぼすべてが滞納となったまま，海外へ出国されている状況である。

また，税関検査は任意であり，検査を受けないことを理由に出国を止めることはできない（納税環境整備　令和6年12月12日自民党税調資料16頁）。

　こういった実態を踏まえ，免税店が免税品の持ち出しを確認できた後で消費税相当額を返金する制度（リファンド方式）への見直しを検討することとしたものである。

Q-2　リファンド方式

「リファンド方式」とはどのような制度なのか。

A

　リファンド方式とは，免税店が不正の排除のために負担を負うことのない制度とするため，出国時に税関において持ち出しが確認された場合に免税販売が成立する制度である。

　実務的には，免税店が販売時に外国人旅行者から消費税相当額を預かり，出国時に持ち出しが確認された場合に，旅行者にその消費税相当額を返金する仕組みとなる。

　この改正は，外国人旅行者の利便性の向上や免税店の事務負担の軽減に十分配慮しつつ，空港での混雑防止の確保を前提として，令和8年11月1日から適用する。

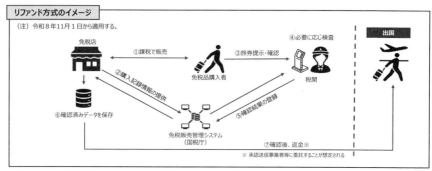

（出所）納税環境整備　令和6年12月12日自民党税調資料7頁

Q-3　消費税相当額の返金方法

リファンド方式による旅行者に対する消費税相当額の返金は，具体的にどのような手順によることとなるのか。

A

外国人旅行者は，クレジットカード情報等を店頭又はWebやアプリなどで返金先を登録する。その後，出国時に持ち出し確認ができた場合に，税関の確認情報を受け，システム連携により，自動キャッシュレスでキャッシュレス返金又は空港で現金が返金されることとなる。

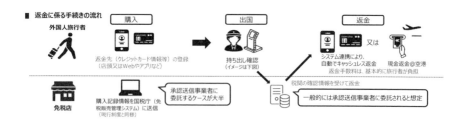

制度の詳細が確定後，国税庁が免税販売管理システムの使用を公表する

予定となっており，公表後に承認送信事業者（免税代行事業者）や免税店がシステム改修等を進めることになる。免税店によってはPOSシステム等に連動しており，その対応を要する場合もあることから，法案成立から1年〜1年半程度の準備期間が必要となるようだ（納税環境整備　令和6年12月12日自民党税調資料9頁）。

Q-4　免税成立時期の明確化

リファンド方式による免税制度の下では，定められた日数までに持ち出し確認を受けなければ免税要件が成立しないとのことであるが，具体的には購入日からいつまでに持ち出し確認を受けなければならないのか。

A

　旅行者は，免税店での購入から90日以内に税関の持ち出し確認を受けなければならない。また，輸出物品販売場の経営者は，その税関確認情報を保存することが義務付けられている。

　具体的には，購入した日から90日以内に持ち出しが確認できないときは，免税販売管理システムを通じて，購入記録情報ごとに持ち出しが確認されなかった旨の情報を提供することとなるため，免税による販売はできないことになる。

（イメージ）税関確認を受けることができる期限

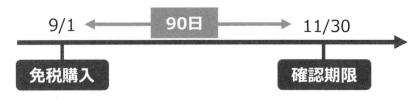

事例：複数回購入した場合

（出所）納税環境整備　令和６年12月12日自民党税調資料16頁

Q-5　免税対象物品の範囲の見直し

リファンド方式に変わることにより，免税対象物品の購入限度額や特殊包装に関する取扱いも変わるようであるが，その内容を具体的に説明してほしい。

A

　リファンド方式においては，税関で持ち出し確認が行われるため，免税店の事務負担軽減，外国人旅行者の利便性向上といった観点から，下記①～③の免税販売要件を廃止することとした。

　①　消耗品に対する50万円の購入上限額と特殊包装の廃止。
　②　一般物品と消耗品の区分の廃止。

③ 免税の対象とならない「通常生活の用に供しないもの」の要件を廃止するとともに，金地金などを免税対象外物品として個別に定める。

種別	免税対象限度額	特殊包装※ 開封判別のできる方法による包装
一般物品	5千円～	不要
消耗品	5千円～**50万円**	**必要**

一般物品と消耗品の区分を撤廃　　消耗品の上限額（50万円）を撤廃　　特殊包装を撤廃

※ 区分撤廃に伴い，下限額も区分せずに判定することとなる。

（出所）納税環境整備　令和6年12月12日自民党税調資料8頁

これにより，免税店は特殊包装の手間を省けると共に，50万円以上の高級酒類や化粧品についても免税販売ができることとなった。また，「通常生活の用に供しないもの」かどうかの判断も必要なくなったため，購入者が事業用又は販売用として購入したものかどうかを判断する手間（リスク）を解消することができる。

Q-6　免税購入対象者の要件確認手続の見直し

上陸許可書の様式や記載方法が統一されていないことによる時間的なコスト，在外邦人の免税手続に必要な書類の確認等の負担が大きいことについて，免税店側から改善要望がされていたようであるが，今般の改正により改善はされたのか。

A

1　船舶観光上陸許可等による上陸許可者の確認要件の統一

上陸許可書の様式や記載方法が統一されておらず，免税手続に時間を要するため，「旅券での手続としてほしい」と免税店などから要望があったことを踏まえ，これらの上陸許可者に免税店への旅券の提示を求めるとと

もに，購入記録情報の作成に必要な許可書番号を旅券番号に統一することとなった。

2　在外邦人の確認要件の緩和

　在外邦人（国外に2年以上居住する者）について，「免税手続に必要な書類の確認等の負担が大きい」として，免税店等から要件の緩和等を求める要望があったことを踏まえ，下記のように手続きを見直すこととした（納税環境整備　令和6年12月12日自民党税調資料18頁）。
(1)　在外邦人の既存の証明書類から地番の記載を不要とする。
(2)　購入記録情報に次の事項を送信することを要件とした上で，書類の保存を不要とする。
　　・証明書の種類
　　・国外転出した年月日（国外定住日を含む）
(3)　マイナンバーカードを証明書類に追加する。

Q-7　新制度の適正な運用のための措置等
リファンド方式では防ぐことのできない不正行為については，何か手当がされているのか。

A

1　高額商品を特定するための情報

　高級時計等のすり替え防止のため，税抜100万円以上の免税品について，商品を特定するための情報（シリアルナンバー，ブランド名，型番等）を国税庁に提供することとする。免税品の特性や免税店の実情に合わせて対応できるよう，今後，商品を特定するための情報については，Q&A等により，具体的に示していくこととした。

2　別送に関する取扱いの廃止

　購入した免税品を郵便局等から国外へ別送した場合，税関は，その送り状等により持出し確認を行っている。しかし，現行制度においては，税関での持ち出しが確認できず，消費税を賦課決定した者の半数以上が免税品を郵便局等から別送したと抗弁している状況である。

　こうした状況を踏まえ，不正に用いられている免税品の別送を認める取扱いについては，リファンド方式への見直しを待たず，令和7年4月1日に廃止することにした。

　なお，いわゆる「直送」による免税販売方式については，輸出免税制度（消法7）により消費税を免除することができることとする（納税環境整備　令和6年12月12日自民党税調資料8・17頁）。

Q-8　免税店の許可要件の緩和と取消要件

免税店について，改正により許可要件の緩和などの配慮はされたのか。

A

免税店の許可要件については次のような改正がされた。
① 　一般型免税店，委託型免税店の区分を撤廃する。
② 　委託型免税店において免税手続を委託できる範囲（特定商業施設：建物毎，商店街毎）の縛りを緩和するとともに，免税店で購入した日と同一の日に免税手続できるカウンター（承認免税手続事業者）に対して，免税手続の委託を可能とする。なお，下限額の合算は現行法通り可能とする。
③ 　購入記録情報・税関確認情報を適切に授受できることを許可の要件とする。また，承認送信事業者による授受も可能とする。

（現行制度）

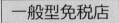

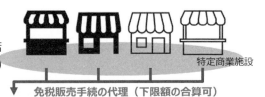

（出所）納税環境整備　令和6年12月12日自民党税調資料18頁

　また，輸出物品販売場の許可の取消要件に，購入記録情報の提供状況等が税関長の確認に支障があると認められる場合を加えることとした。

Q-9　基地内輸出物品販売場制度の廃止
廃止される輸出物品販売場があるとのことであるが，どのような販売場が廃止されるのか。

A

　米軍施設及び区域内にある輸出物品販売場における物品の譲渡については消費税が免除されているが，リファンド方式への変更により，この制度は廃止されることとなった。

Q-10 今後のスケジュール（イメージ）

今後のスケジュールはどうなっているか？

A

おおむね下表のようなスケジュールで進めることを計画している。

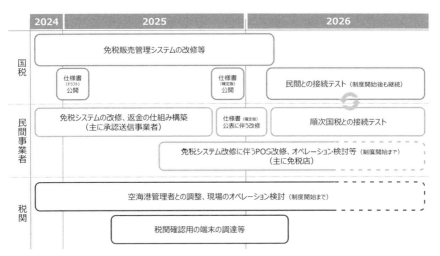

（出所）納税環境整備　令和6年12月12日自民党税調資料19頁

② リース譲渡に係る資産の譲渡等の時期の特例制度の廃止と経過措置の創設

Q-11 廃止の理由と経過措置

リース譲渡に係る資産の譲渡等の時期の特例制度が廃止になるとのことであるが，その理由と経過措置について説明してほしい。

A

　延払基準による会計処理は新リース会計基準の下では認められないことから，「リース譲渡に係る資産の譲渡等の時期の特例」を廃止することにした。ただし，令和7年4月1日前に行ったリース譲渡については，令和12年3月31日以前に開始する年又は事業年度について，延払基準の適用が認められている。

　また，令和7年4月1日以後に開始する年又は事業年度において延払基準の適用をやめた場合には，経過措置により，賦払金の残金を10年均等で資産の譲渡等の対価の額とすることができる。

原則	廃止（リース資産の引渡時に一括で売上計上）	
経過措置	令和7年4月1日前に行ったリース譲渡	→ 個人事業者は令和12年まで，法人は令和12年3月31日以前に開始する事業年度までは引き続き延払基準による処理が認められる
	令和7年4月1日以後に開始する年又は事業年度において延払基準の適用をやめた場合	→ 賦払金の残金を10年均等で資産の譲渡等の対価の額とする

② リース譲渡に係る資産の譲渡等の時期の特例制度の廃止と経過措置の創設

参考 多く寄せられるご質問

　仕入税額控除制度における適格請求書等保存方式に関するQ&A（インボイスQ&A）は令和6年4月8日に改訂され、現在に至っている。ここでは、国税庁が不定期に更新している「お問合せの多いご質問」のうち、まだインボイスQ&Aにアップされていない問ⓐ～問ⓕについて、オリジナルの解説を加えてポイント確認をする。国税庁の【答】と照らし合わせながら内容をご確認いただきたい。

（予約サイトで事前決済した宿泊予約者に対する適格簡易請求書の交付）

> 問ⓐ　当社は、ホテルを運営しています。予約サイトを通じて受けた予約について、予約サイト経由で決済が行われた場合、フロントでは現金の授受等が行われないことから、領収書の交付を行っていませんが、どのように適格簡易請求書を交付すればいいでしょうか。

【解説】

1　手配旅行の場合

　インボイスは必ずしも領収書や請求書である必要はないので、宿泊明細書などに必要事項を記載して、インボイスとして利用することを検討するべきである。なお、インボイスに記載する金額は、宿泊施設が予約サイト等から収受する手数料控除後の金額や宿泊客が予約サイト等に支払う金額ではなく、ホテルの宿泊代金である。

なお，上記において，次の①と②のいずれの条件も満たしている場合には，宿泊施設（委託者）に代わり，予約サイト等（受託者）が宿泊客に対し，インボイスを交付することができる（インボイスQ＆A問48）。
① 委託者（宿泊施設）と受託者（予約サイト等）のいずれもが適格請求書発行事業者であること
② 書面又は契約書などにより，委託者（宿泊施設）が適格請求書発行事業者である旨を受託者（予約サイト等）に通知すること

2 企画旅行（パックツアー）の場合

旅行代理店などが旅券やホテルの手配などをする旅客サービスは，その企画をする旅行代理店がインボイスを発行するので，交通機関や宿泊施設は旅行客などに対してインボイスを発行する義務はない。

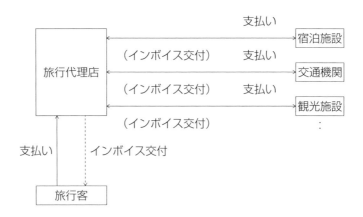

3 出張旅費等特例の対象となる場合

出張等に伴う宿泊費で，旅行に通常必要であると認められる部分の金額については，一定の事項を記載した帳簿のみの保存で仕入税額控除が認められている（出張旅費等特例）。よって，宿泊客はホテルからインボイスを受領する必要はない。

〈参考〉

　厚生労働省健康・生活衛生局生活衛生課は，令和6年4月23日付の事務連絡で，全国旅館ホテル生活衛生同業組合連合会に対し，「宿泊予約サイト等を通じて宿泊予約を受けた場合のインボイスの交付について（周知依頼）」を発出した。

　厚生労働省は，宿泊施設において，「領収書」の交付を行っていないことを理由に，ホームページで「インボイスを交付しない」と案内することは，宿泊者の誤解を招き，適切ではないとしたうえで，下記の「ホームページ掲載案（イメージ）」を参考に，インボイスの交付方法を検討することを指導している。

〇　ホームページ掲載案（イメージ）

> 外部サイトを通じて宿泊予約した場合の「インボイス」の交付について
>
> 　平素より〇〇をご利用いただき誠にありがとうございます。
> 　宿泊代金に係るインボイスの交付に対応をしていない宿泊予約サイトを通じて事前決済（オンライン決済）にて宿泊予約された場合で、インボイス（宿泊明細）が必要な方は、チェックアウトまでにフロントにてお申し出ください。
>
> 　なお、外部の宿泊予約サイトを通じて事前決済（オンライン決済）にて宿泊予約され、チェックアウト時までに当ホテル（旅館）において代金のお支払いの確認がとれない場合には、「領収書」を交付する対応は行っておりません（この場合であっても、上記のとおり宿泊明細により、インボイスの交付を行うことはできます）。
> 　そのため、「領収書」が必要な場合には、当施設の宿泊予約サイトを通じてご予約いただくか、外部の宿泊予約サイトを通じてご予約される場合は現地決済を選択ください。

（注）網掛け部分は、事業者が使用する様式に応じて、適宜修正願います。

○ 宿泊明細（イメージ）

```
                         宿泊明細
                                                    ○○○○
                                                    東京都…
                                                    TEL03-****-****
                                                    登録番号：T1234567890123

お名前：○○　○○　様

宿泊期間 2024/05/01～2024/05/03
部屋番号：○○○
宿泊人数：○名
```

明細	単価	数	金額
室料（消費税率10％）	10,000	2	20,000
		合計金額	20,000

(注)「税率ごとに区分した消費税額等」と「適用税率」を両方記載することも可能です。

（物品切手等を割引・割増価格により購入した場合の仕入控除税額の算出）

> 問ⓑ　当社は，福利厚生としてイベントのチケット（物品切手等）を購入し，従業員に配付しています。仕入税額控除の適用を受けるため，実際に従業員がイベントを観覧した時（引換給付の際）に交付を受けた適格請求書等を受領し，当社においてそれを保存しているところ，その適格請求書等に記載された金額と，物品切手等を購入した金額に差額が生じることがありますが，この場合，どのように仕入控除税額を算出することになるのでしょうか。

【解説】

　物品切手等により課税仕入れを行った場合の仕入税額控除の時期は，入場券特例の適用を受けるものかどうかにより取扱いが区分される。また，入場券特例の適用を受けないものは，割引購入か割増購入かにより，会計処理と仕入税額が下記のように異なってくる。

② リース譲渡に係る資産の譲渡等の時期の特例制度の廃止と経過措置の創設

物品切手等の種類による区分	課税仕入れの時期
入場券特例の適用を受けるもの（使用時に回収されるもの）	物品切手等の購入時に課税仕入れを認識することができる
上記以外の物品切手等	引換給付時（インボイスの交付を受ける時）

仕入控除税額の計算

取引（適用税率：10%）	仕訳（仕入税額）
チケットを11,000円（割引価格）にて購入し，福利厚生目的で従業員に利用させた場合（インボイスに記載された金額は13,200円である） ※右記のいずれかの方法により処理することになる。	○ インボイスへの記載金額により処理する方法 （借方）貯蔵品 11,000　　　　（貸方）現金 11,000 （借方）福利厚生費 12,000　　（貸方）貯蔵品 11,000 　　　　仮払消費税等 1,200　　　　　　雑収入 2,200 ※インボイスに記載された消費税額等1,200円が仕入税額となる。また，雑収入2,200円は課税対象外収入となる。 ○ 実際の支払金額により処理する方法 （借方）貯蔵品 11,000　　　　（貸方）現金 11,000 （借方）福利厚生費 10,000　　（貸方）貯蔵品 11,000 　　　　仮払消費税等 <u>1,000</u> 　　　　　　　　　　↑ 　　　　11,000×10／110＝1,000
チケットを13,200円（割増価格）にて購入し，福利厚生目的で従業員に利用させた場合（インボイスに記載された金額は11,000円である）	（借方）貯蔵品 13,200　　　　（貸方）現金 13,200 （借方）福利厚生費 10,000　　（貸方）貯蔵品 13,200 　　　　福利厚生費 2,200 　　　　仮払消費税等 <u>1,000</u> 　　　　　　　　　　↑ 　　　　11,000×10／110＝1,000 ※福利厚生費2,200円は控除対象外となる。

お問合せの多いご質問（問ⓑ）の【答】をアレンジして作成

(適格請求書発行事業者における課税事業者届出書の提出)

> 問ⓒ 当社は，適格請求書発行事業者です。この度，基準期間における課税売上高が1,000万円を超えることとなりましたが，「消費税課税事業者届出書」の提出は必要でしょうか。

【解説】

「課税事業者届出書」は，基準期間における課税売上高が1,000万円を超えることとなった場合等に提出することとされているが，適格請求書発行事業者は，基準期間における課税売上高が1,000万円を超えるかどうかにかかわらず，課税事業者となる。

こういった理由から，インボイスの登録期間中は，たとえ基準期間における課税売上高が1,000万円を超える場合であっても「課税事業者届出書」を提出する必要はないこととしたようである。

ただし，登録日の属する課税期間の基準期間における課税売上高が1,000万円を超えたような場合には，課税期間の初日から登録日の前日までの期間は「課税事業者届出書」により納税義務を管理する必要があることから，「課税事業者届出書」の提出を不要とするのは<u>登録日の属する課税期間の翌課税期間以後の課税期間</u>に限ることとしている。

② リース譲渡に係る資産の譲渡等の時期の特例制度の廃止と経過措置の創設　*141*

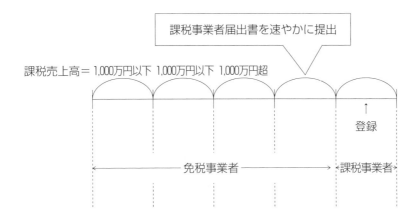

　ところで,「課税事業者選択届出書」を提出している事業者は,基準期間における課税売上高が1,000万円を超えた場合でも「課税事業者届出書」は提出しなくてよいことになっている（消基通17－1－1）。

　しかし,「課税事業者届出書」の提出義務について規定している消費税法57条1項1号には,適格請求書発行事業者を除くということは書かれていない。また,適格請求書発行事業者は,「課税事業者届出書」は提出しなくてよいという通達も存在しない。

　よって,「課税事業者選択届出書」を提出したり,インボイスの登録をして課税事業者になっている状態であったとしても,確定申告や決算の都度,基準期間における課税売上高を確認した上で「課税事業者届出書」や「納税義務者でなくなった旨の届出書」を提出し,自らの納税義務（ステータス）を管理しておく必要があるようにも思えるのである（私見）。

（フリマアプリ等により商品を仕入れた場合の仕入税額控除）

> 問ⓓ　私は古物営業法上の許可を受けて古物営業を営んでいる個人事業者です。フリーマーケットアプリやインターネットオークションを通じて商品を仕入れることもありますが，その際，取引の相手方が匿名の場合があります。この場合，仕入税額控除の適用を受けるためには，どうしたらよいでしょうか。
>
> 　また，固定資産など自ら使用する物品として仕入れるような場合や，古物商以外の者が仕入れるような場合に，適格請求書発行事業者以外の者からの課税仕入れについて仕入税額相当額の一定割合を仕入税額とみなして控除することができる経過措置の適用はできるのでしょうか。

【解説】

1　古物商特例とは？

　古物営業法上の許可を受けた古物商が，非登録事業者から販売目的で古物や準古物を買い受けた場合には，法定事項が記載された帳簿のみの保存により仕入税額控除の適用を受けることが認められている（消令49①一ハ(1)）。

(注)　金，銀，白金といった貴金属の地金やゴルフ会員権などの古物に準ずる物品や証票は準古物に該当する（消規15の3，消基通11－6－3）。

2　帳簿の記載事項

(1)　商品の仕入総額（税込）が1万円以上の場合

　古物営業法では，原則として，商品の仕入総額（税込）が1万円以上の場合には，相手方の確認を行った上でいわゆる「古物台帳」に取引の相手方の住所，氏名，職業及び年齢を記載することとされていることから，古物台帳への記載をもって，消費税における帳簿の記載要件を満たすものとして取り扱うことができる。

ただし、消費税法で帳簿への記載が義務付けられている「帳簿のみの保存で仕入税額控除が認められるいずれかの仕入れに該当する旨」については、古物台帳への記載は義務ではない。よって、総勘定元帳などの会計帳簿には、「古物商特例適用」といったような記載が必要となるようだ（インボイスQ＆A問110（参考））。

(2) 商品の仕入総額（税込）が1万円未満の場合
　古物営業法では、商品の仕入総額（税込）が1万円未満の場合には、古物台帳の記載は不要とされている。ただし、自動二輪車、家庭用コンピュータゲーム、CD・DVD、書籍の買い受けなどについては、相手方の本人確認や帳簿への記帳義務が課されている。

商品の仕入総額	帳　簿	インボイス
1万円以上	古物台帳 ＋ 会計帳簿に「古物商特例適用」などと記載	不要
1万円未満　CD・DVD、書籍などの買い受け	古物台帳 ＋ 会計帳簿に「古物商特例適用」などと記載	不要
1万円未満　上記以外	会計帳簿に「古物商特例適用」などと記載 ※古物台帳への記載は不要	不要

3　フリマアプリ等による仕入商品に対する古物商特例の適用について

(1) 適格請求書発行事業者から商品の仕入れを行った場合
　フリマアプリ等により商品を仕入れる場合には、物品の譲渡を行う事業が不特定かつ多数の者を対象とするものであることから、簡易インボイスの交付を受けることになるものと思われる。また、出品者とフリマアプリ等の運営事業者が共に適格請求書発行事業者であり、媒介者交付特例の適用要件を満たすような場合には、運営事業者が、出品者に代わって簡易インボイスの交付を行うことも認められる。

(2) 非登録事業者から商品の仕入れを行った場合

　古物商が，非登録事業者からフリマアプリ等により商品の仕入れを行った場合において，仕入総額が1万円未満の場合には，帳簿に「古物商特例適用」などと記載することにより，古物商特例の適用を受けることができる。

　ただし，仕入総額が1万円以上の場合には，古物台帳へ法定事項を記載する必要があることから，古物営業法に規定された方法により相手方の確認を行う必要がある。

(3) 個人事業者から商品の仕入れを行った場合

　適格請求書発行事業者である個人事業者から家事用資産を仕入れるようなケースでは，メッセージ機能等により「適格請求書発行事業者としての譲渡である場合は登録番号を教えてください。連絡がない場合には，消費者としての譲渡と考えさせていただきます。」と確認を行った上で，何らの連絡もない場合には，仕入先を非登録事業者として取り扱うことができるようである。

4　フリマアプリ等による仕入商品に対する80%（50%）経過措置の適用について

　古物商が仕入れる古物については，古物営業法上，本人確認や古物台帳への記帳義務が生じることから，結果として，仕入先の住所，氏名，職業及び年齢の確認ができないような場面は想定されない。そのため，80%（50%）経過措置が適用されることはない。

(1) 古物商以外の者が仕入れる古物の取扱い

　古物商以外の者がフリマアプリ等で古物を仕入れた場合において，メッセージ機能等を用いて確認を行ったとしても仕入先の住所，氏名，職業及

び年齢の確認ができないような場合には，80％（50％）経過措置の適用を受けることが認められているようである。

(2) 準古物を仕入れる場合の取扱い

仕入総額が1万円以上の準古物の仕入れで，メッセージ機能等を用いて確認を行ったとしても仕入先の住所，氏名，職業及び年齢の確認ができないような場合には，80％（50％）経過措置の適用を受けることができることとしている。

「準古物については，古物営業法の対象外であることから，対価の総額が1万円以上の場合でも同法上は本人確認や古物台帳への記帳は求められません。」と問ⓓの（注）4に記載されていることがその理由（根拠）であると思われる。

(3) 区分記載請求書等の記載要件

80％（50％）経過措置の適用を受けるために保存が義務付けられている区分記載請求書等に記載すべき「書類の作成者の氏名又は名称」及び帳簿に記載すべき「課税仕入れの相手方の氏名又は名称」は，「フリマアプリ等の名称及び当該フリマアプリ等におけるアカウント名」として差し支えないとのことである。

(注) フリマアプリ等の取引画面を区分記載請求書等に記載すべき事項に係る電磁的記録として保存する場合には，電子計算機を使用して作成する国税関係帳簿書類の保存方法等の特例に関する法律（平成10年法律第25号）に準じた方法による必要がある。

【イメージ】80％・50％経過措置の適用に係るフリマアプリ等の取引画面
　　　　　（区分記載請求書等の記載事項に係る電磁的記録）及び帳簿の
　　　　　イメージ

(○○フリマ取引画面)

出品者情報	△△△（92）　☑ 本人確認済
取引情報	【美品】○○○○　定価 50,000 円【お買い得】
商品代金	￥ 13,200
支払方法	残高から支払い
送料	送料込み（出品者負担）
購入日時	2024 年 5 月 1 日　21：23

※この取引画面等が随時確認が可能な状態であるなど一定の要件を満たすのであれば、必ずしも当該取引画面等に係る電磁的記録をダウンロードする必要はない（インボイスQ＆A問102－2参照）。

(帳簿)

総勘定元帳（仕入れ）							㈱○△□
年	月	日	摘要			借方	貸方
24	5	1	○○フリマ　△△△　雑貨　80％対象			12,240	
				（仮払消費税等）		(960)	
⋮	⋮	⋮	⋮			⋮	

(お問合せの多いご質問の問ⓓ【答】より抜粋)

【古物商特例と80%（50%）経過措置の適用関係】

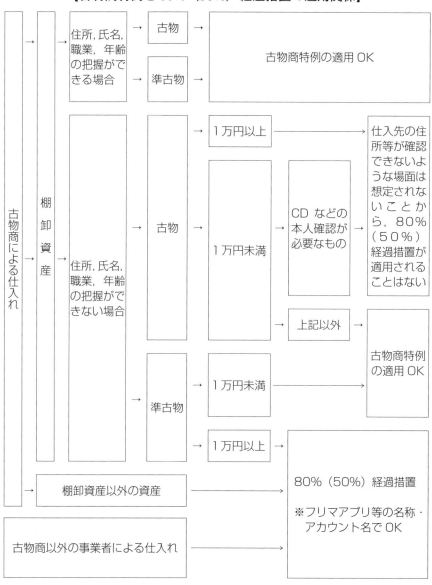

(地方公営企業法適用の特別会計に移行する際の適格請求書発行事業者の登録)

> 問ⓒ 上下水道の特別会計を有する地方公共団体ですが，この度，地方公営企業法適用の特別会計に移行することとなりました。移行前の特別会計で適格請求書発行事業者の登録申請を行い登録番号の付番を受けていましたが，移行に当たっては当該登録番号も移行されるのでしょうか。

【解説】

1 旧特別会計から新特別会計へ移行する場合の取扱い

　水道事業，交通事業や衛生事業など，地方公共団体が特別会計を設けて行う事業については，その特別会計ごとに一の法人が行う事業とみなして消費税法の規定を適用することとされている（消法60①）。

　また，国税庁ホームページ（地方公共団体の特別会計が地方公営企業法の規定を適用する特別会計に移行した場合の消費税の課税関係について）によると，上下水道の特別会計を地方公営企業法適用の特別会計へ移行する場合には，すべての出納は地方公営企業法の適用日の前日をもって打ち切られる（打切決算）こととなる（地方公営企業法施行令4①）。

　よって，新特別会計への移行に当たっては，旧特別会計は廃止され，別人格である新たな特別会計が設置されたものとして取り扱われることになる。

2 登録番号の取扱い

　適格請求書発行事業者の登録は，登録を受けようとする事業者ごとに行うものである。地方公共団体の特別会計が，地方公営企業法の規定を適用する特別会計に移行する場合，通常，旧特別会計は廃止され，新たな特別会計が設置されることとなるのであるから，旧特別会計においては「事業廃止届出書」の提出が必要となり，それに伴い旧特別会計の登録番号は失

②　リース譲渡に係る資産の譲渡等の時期の特例制度の廃止と経過措置の創設　149

効することとなる。

　よって，新特別会計は改めてインボイスの登録申請を行い，登録番号の付番を受ける必要がある。

3　登録の効力

　新たに特別会計を設置した場合には，設置日以後に登録申請を行うこととなるのであるが，特別会計の設置日の属する課税期間の初日から登録を受けようとする旨を記載した登録申請書をその課税期間の末日までに提出した場合，その課税期間の初日に登録を受けたものとみなされる特例が設けられている（インボイスＱ＆Ａ問11）。

　この場合において，設置日の属する課税期間の初日から登録通知があるまでの期間については，次のような対応方法が考えられる。

・事前に適格請求書等の交付が遅れる旨を取引先に伝え，通知後に適格請求書等を交付する。
・取引先に対して，通知を受けるまでは，登録番号のない請求書等を交付し，通知後に改めて適格請求書等を交付し直す。
・取引先に対して，通知を受けるまでは，登録番号のない請求書等を交付し，その請求書等との関連性を明らかにした上で，適格請求書等に不足する登録番号を書類やメール等でお知らせする。

（複数年をまたぐ取引に係る適格請求書の交付）

問ⓕ　当社は，1年を超える期間にわたって毎月保守を行う役務を提供しています。このように課税期間をまたぐような長期間にわたる課税資産の譲渡等について，対価の前受け時にまとめて適格請求書を交付しても良いのでしょうか。

【解説】

　インボイスの記載事項である取引年月日については，課税期間の範囲内で一定の期間内に行った課税資産の譲渡等につきまとめてインボイスを作成する場合には，当該一定の期間を記載することになる。

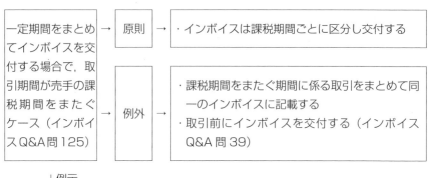

↓例示

　毎月の保守契約のように一定期間継続して同一の課税資産の譲渡等を行うものについては，売手である事業者がインボイスの交付対象となる期間，継続して適格請求書発行事業者であることを条件に，課税期間の範囲を超える期間をまとめてインボイスの交付をすることとして差し支えない。

＜留意点＞

- 個人事業者は1月1日から12月31日までの期間，法人は事業年度が課税期間となるので，どちらも最長1年間となる。課税期間の範囲を超える期間につき，まとめてインボイスを交付した場合において，当期の課税期間に係る消費税額等の記載が明確に区分されていない場合には，売上税額の積上計算を行うことはできない。
- 課税期間の範囲を超える期間につき，まとめてインボイスを交付した後に，その記載事項に変更が生じることとなった場合には，修正インボイ

② リース譲渡に係る資産の譲渡等の時期の特例制度の廃止と経過措置の創設　151

スを交付する必要がある。
・課税期間の中途で適格請求書発行事業者でなくなった場合には，既に交付したインボイスについて，適格請求書発行事業者でなくなった期間部分を区分して区分記載請求書等として再交付するなどの対応が必要となる。

【イメージ】役務の提供に係る適格請求書を交付する場合の例（3月決算法人）

《課税期間ごとに区分して交付（原則）》　　《まとめて適格請求書を交付》

上記のように、適格請求書を課税期間ごとに区分して交付する場合には、それらの区分ごとに「課税資産の譲渡等に係る税抜価額又は税込価額を税率の異なることに区分して合計した金額」や「消費税額等」を記載することとなります。
そのため、「消費税額等」について、1円未満の端数が生じた場合には、それぞれ区分した金額で端数処理を行うこととなります。

上記のように、課税期間をまたぐ取引についてまとめて適格請求書を交付する場合には、売手は売上税額の積上げ計算を行うことはできません。
買手においては、自らのその課税期間に属する金額を、あん分するなどの方法により、仕入控除税額を算出することになります。

（お問合せの多いご質問の問ⓕ【答】より抜粋）

Ⅵ 国際課税

1 グローバル・ミニマム課税の推移

Q-1 グローバル・ミニマム課税の改正の推移
グローバル・ミニマム課税の概要とその制度改正の推移はどのようなものであったか。

A

世界の各国における国際課税の課題は次の「二つの柱」であった。
① デジタル経済の進展に応じた国際課税原則のあり方（第1の柱関係）
② 過度な法人税の引き下げ競争に対する対応（第2の柱関係）

2021年10月にOECD／G20の「BEPS包摂的枠組み」において各国において合意が得られ、次の二点の合意を見た。

第1の柱関係	市場国への新たな課税権の配分 ・2023年前半に多国間条約の署名 ・2024年多国間条約の発効が目標
第2の柱関係	グローバル・ミニマム課税 ・2022年に各国内法の改正 ・2023年の実施が目標

これを受けて、日本では、令和5年度税制改正で、まずグローバル・ミニマム課税の創設の法的な手当が行われた。この令和5年度改正を受けて、令和6年度税制改正では、第2の柱のグローバル・ミニマム課税の令和5年度税制改正の補足的改正が行われた。なお、グローバル・ミニマム課税の適用初年度は、令和6年4月1日以後に開始する事業年度とされた。

なお、課税対象となる企業は、年間総収入金額が7.5億円ユーロ（約1,200億円）以上であるが、年間収入金額が1,000億円を超える日本に所在する

多国籍業は約900グループ程度といわれている（令和6年度経産省関係税制改正資料）。

Q-2　グローバル・ミニマム課税の概要
グローバル・ミニマム課税とはどのようなものか。

A

「第2の柱」・グローバル・ミニマム課税は，次の3つの密接に関連する各国内制度からなる。これらのルールを合わせてGloBEルール（Global anti-Base Erosion Rules）という。GloBEルールの法的位置づけは，各同意国は本制度の導入が義務付けられないが，導入する場合は，OECD/G20のBEPS包摂的枠組みで合意される内容と整合的に実施するものとされる。

1　所得合算ルール（IIR）
日本の親会社の子会社が外国の軽課税国等に存在し，その子会社の課税率が15％未満の軽課税となっている場合に，日本の親会社で子会社の税負担が15％に至るまで課税するものである。

2　軽課税所得ルール（UTPR）
日本に存在する子会社の親会社が軽課税国に存在し，その親会社の課税率が15％未満の軽課税となっている場合に，日本の子会社で親会社の税負担が15％に至るまで課税するものである。

3　国内ミニマム課税（QDMTT）
日本（自国）に所在する事業体の税負担が15％未満の軽課税である場合に，最低税率（15％）に至るまで日本で課税するものである。

令和5年度税制改正（令和6年4月以後から適用開始）では，まず上記のうち，所得合算ルール（IIR）の制度化を行われた。これを受けて，令和6年度改正では，所得合算ルール（IIR）の追加の見直し改正が行われた。

そして，令和7年度税制改正で，軽課税所得ルール（UTPR），国内ミニマム課税（QDMTT）の制度的な手当てが行われた。

なお，米国トランプ政権が発足したことにより，グローバル・ミニマム課税に対するトランプ政権の今後の対応が注目される。

【図表1】グローバル・ミニマム課税の概要

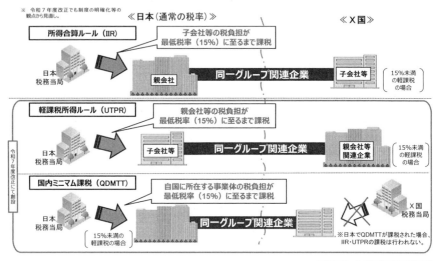

（出所）財務省説明資料

② 所得合算ルール（IIR）税制の概要

> **Q-3　所得合算ルール（IIR）税制の概要**
> まず令和5年度改正で創設され，先行して令和6年4月以後に適用になった所得合算ルール（IIR）の概要はどのようものか。

A

　令和5年度改正で創設され，令和6年4月以後に適用になった所得合算ルール（IIR）は，わが国においては，次の2つの制度として創設された。
① 　各対象会計年度の国際最低課税額に対する法人税（国税）
② 　特定基準法人税額に対する地方法人税（国税）
　この2つの制度は，どちらも国税である。まず，「各対象会計年度の国際最低課税額に対する法人税（国税）」の概要は次のとおりである。

1　納税義務者

　内国法人は，「各対象会計年度の国際最低課税額に対する法人税」を納める義務がある。ただし，公共法人については，その義務がない。

2　課税の範囲

　「特定多国籍企業グループ等」に属する内国法人に対して，「各対象会計年度の国際最低課税額」について，「各対象会計年度の国際最低課税額に対する法人税」を課する。

（1）	特定多国籍企業グループ等	企業グループ等（次に掲げるものをいい，多国籍企業グループ等に該当するものに限る。）のうち，各対象会計年度の直前の4対象会計年度のうち2以上の対象会計年度の総収入金額が7億5,000万ユーロ相当額（約1,200億円）以上であるものをいう。 ① 連結財務諸表等に財産及び損益の状況が連結して記載される会社等及び連結の範囲から除外される一定の会社等に係る企業集団のうち，最終親会社（他の会社等の支配持分を直接又は間接に有する会社等（他の会社等がその支配持分を直接又は間接に有しないものに限る。）をいう。）に係るもの ② 会社等（上記①に掲げる企業集団に属する会社等を除く。）のうち，その会社等の恒久的施設等の所在地国がその会社等の所在地国以外の国又は地域であるもの
（2）	多国籍企業グループ等	次に掲げる企業グループ等をいう。 ① 上記（1）①に掲げる企業グループ等に属する会社等の所在地国（その会社等の恒久的施設等がある場合には，その恒久的施設等の所在地国を含む。）が2以上ある場合のその企業グループ等その他これに準ずるもの ② 上記（1）②に掲げる企業グループ等

3 税額の計算

「各対象会計年度の国際最低課税額に対する法人税」の額は，「各対象会計年度の国際最低課税額（課税標準）」に100分の90.7の税率を乗じて計算した金額とする。

4 申告及び納付等

特定多国籍企業グループ等に属する内国法人の「各対象会計年度の国際最低課税額に対する法人税」の申告及び納付は，各対象会計年度終了の日の翌日から1年3月（一定の場合には，1年6月）以内に行うものとする。

ただし，その対象会計年度の国際最低課税額（課税標準）がない場合は，その申告を要しない。

電子申告の特例等については，各事業年度の所得に対する法人税と同様とし，その他所要の措置を講ずる。

Q-4 「特定基準法人税額に対する地方法人税（国税）」の概要

２つの国税である税制の内の「特定基準法人税額に対する地方法人税（国税）」の概要はどのようものか。

A

前記「各対象会計年度の国際最低課税額に対する法人税（国税）」とともに「特定基準法人税額に対する地方法人税（国税）」が創設された。その概要は次のとおりである。

課税の対象	特定多国籍企業グループ等に属する内国法人の各課税対象会計年度の特定基準法人税額には，「特定基準法人税額に対する地方法人税」を課する。
税額の計算	「特定基準法人税額に対する地方法人税」の額は，各課税対象会計年度の特定基準法人税額（課税標準）に907分の93の税率を乗じて計算した金額とする。なお，特定基準法人税額は，各対象会計年度の国際最低課税額に対する法人税の額とする。ただし，附帯税の額を除く。 ※ 「各対象会計年度の国際最低課税額に対する法人税」の額と「特定基準法人税額に対する地方法人税」の額との合計額が，「各対象会計年度の国際最低課税額」になるようになっている。
申告及び納付等	特定基準法人税額に対する地方法人税（仮称）の申告及び納付は，各課税対象会計年度終了の日の翌日から１年３月（一定の場合には，１年６月）以内に行うものとする。 電子申告の特例等については，基準法人税額に対する地方法人税と同様とし，その他所要の措置を講ずる。

Q-5　適用年度

IIRの改正の適用関係はどのようになっているか。

A

「各対象会計年度の国際最低課税額に対する法人税」,「特定基準法人税額に対する地方法人税」のいずれも内国法人の令和6年4月1日以後に開始する対象会計年度から適用になった。

③　国際最低課税額（課税標準額）の計算

Q-6　国際最低課税額（課税標準額）の概要

上記のとおり，令和5年度改正で創設され，令和6年4月以後に適用になったグローバル・ミニマム課税制度である「各対象会計年度の国際最低課税額に対する法人税（国税）」の課税標準である「国際最低課税額」の計算の概要は，どのようなものか。

A

「各対象会計年度の国際最低課税額に対する法人税」の課税標準となる「国際最低課税額」の計算の順序は次のとおりである。
① まず，グループ全体に係る基準税率（15％）に満たない部分とされる「グループ国際最低課税額」を算出する。これは，国地域単位で算出された金額の合計額である。
② 次に，グループ国際最低課税額について，按分ファクター（典型的な例として個別計算所得金額）を用いて国地域の会社等ごとに配分される「会社等別国際最低課税額」を算出する。
③ 最後に，会社等に配分された会社等別国際最低課税額について，内国法人のその会社等に対する持分等を勘案して計算した「帰属割合」を用

いて，その内国法人に帰属する「国際最低課税額」を算出する。

【図表2】グローバルミニマム課税（所得合算ルール・IIR）の考え方

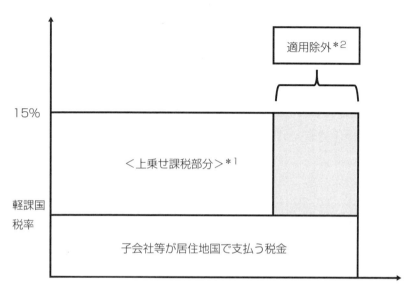

* 1　最低税率までの上乗せ課税部分の税金
* 2　（有形固定資産（簿価）＋支払給与）×5％の適用除外部分。経過措置がある。

4 令和7年度の追加的見直し項目

> **Q-7** 対象会計年度の国際最低課税額（課税標準額）に対する法人税等の見直し
>
> 令和5年度改正で創設され，令和6年4月以後に適用になったグローバル・ミニマム課税制度である「各対象会計年度の国際最低課税額に対する法人税等（IIR）」についての令和7年度税制改正における追加的な見直しはどのようなものか。

A

「各対象会計年度の国際最低課税額に対する法人税等（IIR）」については，令和7年度改正においても次の各項目において追加見直しが行われる。

① 構成会社等の当期純損益金額に係る対象租税の額のうち外国子会社合算税制等の対象とされる他の構成会社等に係る調整後対象租税額に含まれる金額等の計算について，その対象に法人税等調整額を加える。

② 再計算国別国際最低課税額の計算を行う場合において，過去対象会計年度において計上された繰延税金負債に係る調整後対象租税額のうちにその過去対象会計年度の5対象会計年度後の対象会計年度終了の日までに取り崩されなかった繰延税金負債に係る部分の金額を減額することとされる措置について，その繰延税金負債の取崩しの方法に係る特例を設ける。

③ 税引後当期純損益金額の計算において，構成会社等と所在地国が異なる他の構成会社等との間で取引が行われた場合に，その取引に係る金額につき独立企業間価格で行われたものとみなす調整措置について，共同支配会社等との間で行われた取引等をその対象に加える。

④ 税引後当期純損益金額の計算において，構成会社等と所在地国が同一

である他の構成会社等との間で資産の販売が行われた場合に，その販売を行った構成会社等の取引に係る金額につき独立企業間価格相当額で行われたものとみなす調整措置について，その取引においてその資産の購入を行った構成会社等をその対象に加える。
⑤ 被分配会社等と対象導管会社等との間に他の導管会社等が介在する場合における導管会社等に係る当期純損益金額の特例の適用に当たっては，被分配会社等の所在地国における法令において他の導管会社等及び対象導管会社等の収入等がその構成員の収入として取り扱われることを要件とする。

5 軽課税所得ルール（UTPR）の創設

> **Q-8 軽課税所得ルール（UTPR）の概要**
> 令和7年度税制改正で創設されるクローバル・ミニマム課税のうち「軽課税所得ルール（UTPR）」の概要はどのようなものか。

A

グローバル・ミニマム課税の先行する「所得合算ルール（IIR）」に続き，令和7年度に創設される「軽課税所得ルール（UTPR）」の概要は次のとおりである。

UTPRの名称は，「各対象会計年度の国際最低課税残余額に対する法人税（仮称）」とされる。

1 納税義務者

内国法人は，「各対象会計年度の国際最低課税残余額に対する法人税」を納める義務がある。

外国法人は，特定多国籍企業グループ等に属する恒久的施設等（その所

在地国がわが国であるものに限る。）を有する構成会社等である場合に，各対象会計年度の国際最低課税残余額に対する法人税を納める義務がある。

2　課税の範囲
　次に掲げる法人に対して，各対象会計年度の国際最低課税残余額について，各対象会計年度の国際最低課税残余額に対する法人税を課する。
① 　特定多国籍企業グループ等に属する構成会社等である内国法人
② 　特定多国籍企業グループ等に属する恒久的施設等を有する構成会社等である外国法人

3　国際最低課税残余額
(1)　内国法人に係る国際最低課税残余額
　内国法人に係る国際最低課税残余額は，特定多国籍企業グループ等に属する構成会社等である内国法人の各対象会計年度に係る国内グループ国際最低課税残余額に，次に掲げる割合（その特定多国籍企業グループ等に属する各種投資会社等又は導管会社等がある場合にあっては，一定の調整を加えて計算した割合）を合計した割合を乗じて計算した金額とする。
① 　わが国を所在地国とする構成会社等の従業員等の数の合計数のうちにその内国法人（その所在地国がわが国であるものに限る。）の従業員等の数が占める割合に50％を乗じて計算した割合
② 　わが国を所在地国とする構成会社等の有形資産の額の合計額のうちにその内国法人の有形資産の額が占める割合に50％を乗じて計算した割合

(2)　国内グループ国際最低課税残余額
　国内グループ国際最低課税残余額は，各対象会計年度に係る特定多国籍企業グループ等のグループ国際最低課税残余額に，次に掲げる割合を合計

した割合を乗じて計算した金額とする。
① わが国又は各対象会計年度の国際最低課税残余額に対する法人税に相当する税を課することとされている一定の国若しくは地域を所在地国とする構成会社等の従業員等の数の合計数のうちにわが国を所在地国とする構成会社等の従業員等の数の合計数が占める割合に50％を乗じて計算した割合
② わが国又は各対象会計年度の国際最低課税残余額に対する法人税に相当する税を課することとされている一定の国若しくは地域を所在地国とする構成会社等の有形資産の額の合計額のうちにわが国を所在地国とする構成会社等の有形資産の額の合計額が占める割合に50％を乗じて計算した割合

(3) グループ国際最低課税残余額

グループ国際最低課税残余額は，各対象会計年度に係る特定多国籍企業グループ等のグループ国際最低課税額から，その特定多国籍企業グループ等に属する構成会社等に係る国際最低課税額等及びその特定多国籍企業グループ等に係る共同支配会社等に係る国際最低課税額等その他一定の金額を控除した残額とする。

(4) 適用免除基準

適用免除基準特定多国籍企業グループ等の判定対象会計年度が，特定多国籍企業グループ等に該当することとなった最初の対象会計年度開始の日以後5年以内に開始し，かつ，国際的な事業活動の初期の段階にあるものとされる対象会計年度に該当する場合等には，その判定対象会計年度に係るグループ国際最低課税残余額は，零とする。

4　税額の計算

各対象会計年度の国際最低課税残余額に対する法人税の額は，各対象会計年度の国際最低課税残余額（課税標準）に100分の90.7の税率を乗じて計算した金額とする。

5　申告及び納付等

各対象会計年度の国際最低課税残余額に対する法人税の申告及び納付は，各対象会計年度終了の日の翌日から1年3月（一定の場合には，1年6月）以内に行う。ただし，その対象会計年度の国際最低課税残余額（課税標準）がない場合は，その申告を要しない。

電子申告の特例等については，各事業年度の所得に対する法人税と同様とし，その他所要の措置を講ずる。

6　その他

各対象会計年度の国際最低課税残余額に対する法人税は，青色申告制度の対象外とする。ただし，更正の理由付記の対象とし，推計課税の対象外とする。

> **Q-9　特定基準法人税額に対する地方法人税の見直し**
>
> 「軽課税所得ルール（UTPR）」の創設に伴い，特定基準法人税額に対する地方法人税の見直しが行われるが，その見直しはどのようなものか。

A

1　課税の対象

特定基準法人税額に対する地方法人税について，その課税の対象に特定多国籍企業グループ等に属する構成会社等である法人の各対象会計年度の

国際最低課税残余額に対する法人税の額（附帯税を除く。）を加え，その名称を「国際最低課税額等に係る特定基準法人税額に対する地方法人税（仮称）」に改める。

2　その他

税額の計算，申告，納付，質問検査，罰則等については，現行の特定基準法人税額に対する地方法人税と同様とする。

Q-10　特定多国籍業グループ等報告事項等の提供制度の見直し
特定多国籍業グループ等報告事項等の提供制度の見直しはどのようなものか。

A

1　提供義務者

提供義務者の範囲に，特定多国籍企業グループ等に属する恒久的施設等を有する構成会社等である外国法人を加える。

2　グループ国際最低課税額等報告事項等

本制度により提供すべき事項の範囲に，国際最低課税残余額に関する一定の事項を加える。

Q-11 各対象会計年度の国際最低課税残余額に対する法人税（UTPR）の適用関係

各対象会計年度の国際最低課税残余額に対する法人税（UTPR）の適用関係はどうなるのか。

A

1 各対象会計年度の国際最低課税残余額に対する法人税（UTPR）の適用関係

各対象会計年度の国際最低課税残余額に対する法人税は，法人の令和8年4月1日以後に開始する対象会計年度から適用になる。

2 特定基準法人税額に対する地方法人税の見直しの改正

特定基準法人税額に対する地方法人税の見直しの改正は，法人の令和8年4月1日以後に開始する課税対象会計年度の国際最低課税額等に係る特定基準法人税額に対する地方法人税について適用する。

3 特定多国籍業グループ等報告事項等の提供制度の見直し

「特定多国籍業グループ等報告事項等の提供制度」の見直しの改正は，法人の令和8年4月1日以後に開始する対象会計年度に係るグループ国際最低課税額等報告事項等について適用する。

6 国内ミニマム課税（QDMTT）の創設

Q-12 国内ミニマム課税（QDMTT）の概要
令和7年度税制改正で創設されるグローバル・ミニマム課税のうち「国内ミニマム課税（QDMTT）」の概要はどのようなものか。

A

グローバル・ミニマム課税で先行する所得合算ルール（IIR）に続き，令和7年度に創設される国内ミニマム課税（QDMTT）の概要は次のとおりである。

QDMTTの名称は，「各対象会計年度の国内最低課税額に対する法人税（仮称）」とされる。

1 納税義務者
内国法人は，各対象会計年度の国内最低課税額に対する法人税を納める義務がある。外国法人は，特定多国籍企業グループ等に属する恒久的施設等（その所在地国がわが国であるものに限る。）を有する構成会社等である場合又は特定多国籍企業グループ等に係る恒久的施設等を有する共同支配会社等である場合に，各対象会計年度の国内最低課税額に対する法人税を納める義務がある。

2 課税の範囲
次に掲げる法人に対して，各対象会計年度の国内最低課税額について，各対象会計年度の国内最低課税額に対する法人税を課する。
① 特定多国籍企業グループ等に属する構成会社等である内国法人又は特定多国籍企業グループ等に係る共同支配会社等である内国法人

② 特定多国籍企業グループ等に属する恒久的施設等を有する構成会社等である外国法人又は特定多国籍企業グループ等に係る恒久的施設等を有する共同支配会社等である外国法人

3 国内最低課税額

　国内最低課税額は，特定多国籍企業グループ等に属する構成会社等（その所在地国がわが国であるものに限る。）である内国法人又は過去対象会計年度においてその特定多国籍企業グループ等に属する構成会社等（その所在地国がわが国であるものに限る。）であった内国法人で当該対象会計年度においてその構成会社等でないものにあっては「構成会社等に係る国内最低課税額」(注1)とし，特定多国籍企業グループ等に係る共同支配会社等（その所在地国がわが国であるものに限る。）である内国法人又は過去対象会計年度においてその特定多国籍企業グループ等に係る共同支配会社等（その所在地国がわが国であるものに限る。）であった内国法人でその対象会計年度においてその共同支配会社等でないものにあっては「共同支配会社等に係る国内最低課税額」(注2)とする。

(注1)　特定多国籍企業グループ等に属する恒久的施設等を有する構成会社等である外国法人等にあっては構成会社等の恒久的施設等に係る国内最低課税額とし，「構成会社等に係る国内最低課税額」に準じて計算する。

(注2)　特定多国籍企業グループ等に係る恒久的施設等を有する共同支配会社等である外国法人等にあっては共同支配会社等の恒久的施設等に係る国内最低課税額とし，「共同支配会社等に係る国内最低課税額」に準じて計算する。

(1)　構成会社等に係る国内最低課税額

　構成会社等に係る国内最低課税額は，次に掲げる場合の区分に応じそれぞれ次に定める金額とする。

6 国内ミニマム課税（QDMTT）の創設　171

| ① 特定多国籍企業グループ等に係る国内実効税率が基準税率（15%）を下回り，かつ，その特定多国籍企業グループ等に係る国内グループ純所得の金額がある場合 | 原則として，次に掲げる（a）〜（c）金額の合計額とするが，特定多国籍企業グループ等に属する構成会社等であったか否かに応じて調整される。
（a）　当期グループ国内最低課税額（国内グループ純所得の金額からわが国に係る実質ベースの所得除外額を控除した残額に基準税率から国内実効税率を控除した割合を乗じて計算した金額をいう。（b）において同じ。）に，その当期グループ国内最低課税額が算出されることとなった内国法人の寄与の程度を勘案して計算される割合を乗じて計算した金額
（b）　過去対象会計年度ごとの再計算グループ国内最低課税額（過去対象会計年度の当期グループ国内最低課税額につき再計算を行うことが求められる場合において，その過去対象会計年度の当期グループ国内最低課税額に満たない金額として計算される金額をいう。）に過去帰属割合（再計算グループ国内最低課税額が算出されることとなった内国法人の寄与の程度を勘案して計算される割合をいう。）を乗じて計算した金額
（c）　内国法人（各種投資会社等に限る。）に係る未分配所得国内最低課税額（その内国法人に係る個別計算所得金額のうち他の構成会社等に分配されなかった部分に対応する国内最低課税額として計算される金額をいう。）
　　（注1）　上記の「国内実効税率」とは，（イ）に掲げる金額が（ロ）に掲げる金額のうちに占める割合をいう。
　　（イ）　国内グループ調整後対象租税額（わが国を所在地国とする全ての構成会社等の国内調整後対象租税額の合計額をいう。）
　　（ロ）　国内グループ純所得の金額
　　（注2）　上記の「国内グループ純所得の金額」とは，わが国を所在地国とする全ての構成会社等に係る個 |

	別計算所得金額の合計額からわが国を所在地国とする全ての構成会社等に係る個別計算損失金額の合計額を控除した残額をいう。
② 特定多国籍企業グループ等に係る国内実効税率が基準税率以上であり、かつ、その特定多国籍企業グループ等に係る国内グループ純所得の金額がある場合	原則として次に掲げる（a），（b）金額の合計額とするが，特定多国籍企業グループ等に属する構成会社等であったか否かに応じて調整される。 （a） 過去対象会計年度ごとの再計算グループ国内最低課税額に過去帰属割合を乗じて計算した金額 （b） 内国法人（各種投資会社等に限る。）に係る未分配所得国内最低課税額
③ 特定多国籍企業グループ等に係る国内グループ純所得の金額がない場合	原則として次の（a），（b）の金額の合計額とするが，国内グループ調整後対象税額がゼロを下回る場合などにあっては一定の調整計算が行われる。 （a） 過去対象会計年度ごとの再計算グループ国内最低課税額に過去帰属割合を乗じて計算した金額 （b） 内国法人（各種投資会社等に限る。）に係る未分配所得国内最低課税額

(2) 特定の場合の計算措置

　特定多国籍企業グループ等に属する構成会社等（その所在地国がわが国であるものに限る。）であった内国法人が過去対象会計年度において合併により解散した場合又は過去対象会計年度においてその内国法人の残余財産が確定した場合の調整計算，その他各対象会計年度の国際最低課税額に対する法人税と同様に，収入金額等に関する適用免除基準，一定の国別報告事項における記載事項等を用いた経過的な適用免除基準その他の特例を設ける。

　また，各対象会計年度の国際最低課税残余額に対する法人税と同様に，国際的な事業活動の初期の段階における適用免除基準を設ける。

4　税額の計算

各対象会計年度の国内最低課税額に対する法人税の額は，各対象会計年度の国内最低課税額（課税標準）に100分の75.3の税率を乗じて計算した金額とする。

5　申告及び納付等

各対象会計年度の国内最低課税額に対する法人税の申告及び納付は，各対象会計年度終了の日の翌日から1年3月（一定の場合には，1年6月）以内に行う。ただし，その対象会計年度の国内最低課税額（課税標準）がない場合は，その申告を要しない。

電子申告の特例等については，各事業年度の所得に対する法人税と同様とする。

6　その他

各対象会計年度の国内最低課税額に対する法人税は，青色申告制度の対象外とする。ただし，更正の理由付記の対象とし，推計課税の対象外とする。また，質問検査，罰則等については，各事業年度の所得に対する法人税と同様とするなどの措置が手当てされる。

Q-13　国内ミニマム課税（QDMTT）の地方法人税

令和7年度税制改正で創設されるグローバル・ミニマム課税のうち「国内ミニマム課税（QDMTT）」についての地方法人税はどのようになるのか。

A

次のように「国内最低課税額に係る特定基準法人税額に対する地方法人税（仮称）」が創設される。

1　課税の対象

特定多国籍企業グループ等に属する構成会社等である法人又は特定多国籍企業グループ等に係る共同支配会社等である法人の各課税対象会計年度の国内最低課税額に係る特定基準法人税額には，国内最低課税額に係る特定基準法人税額に対する地方法人税を課する。

2　税額の計算

国内最低課税額に係る特定基準法人税額に対する地方法人税の額は，各課税対象会計年度の国内最低課税額に係る特定基準法人税額（課税標準）に753分の247の税率を乗じて計算した金額とする。

国内最低課税額に係る特定基準法人税額は，各対象会計年度の国内最低課税額に対する法人税の額とする。ただし，附帯税の額を除く。

3　申告及び納付等

国内最低課税額に係る特定基準法人税額に対する地方法人税の申告及び納付は，各課税対象会計年度終了の日の翌日から1年3月（一定の場合には，1年6月）以内に行う。

電子申告の特例等については，基準法人税額に対する地方法人税と同様とする。

4　その他

質問検査，罰則等については，基準法人税額に対する地方法人税と同様とし，その他必要な措置が手当てされる。

⑥ 国内ミニマム課税（QDMTT）の創設　175

Q-14　グループ国内最低課税額報告事項等の提供制度

令和7年度税制改正で，軽課税所得ルール（UTPR），国内ミニマム課税（QDMTT）の制度的な手当てが行われたことを踏まえて，「グループ国内最低課税額報告事項等の提供制度」が創設されるが，これはどのような制度か。

A

　グループ国内最低課税額報告事項等の提供制度の概要は次のとおりである。

1　グループ国内最低課税額報告事項等の提供

　グループ国内最低課税額報告対象法人は，特定多国籍企業グループ等の最終親会社等の名称，その特定多国籍企業グループ等に属する構成会社等の所在地国の名称，その特定多国籍企業グループ等に係る国内最低課税額に関する事項その他必要な事項及び収入金額等に関する適用免除基準の適用を受けようとする旨等（「グループ国内最低課税額報告事項等」という。）を，各対象会計年度終了の日の翌日から1年3月（一定の場合には，1年6月）以内に，電子情報処理組織を使用する方法（e-Tax）により，納税地の所轄税務署長に提供しなければならない制度である。

（注）「グループ国内最低課税額報告対象法人」とは，特定多国籍企業グループ等に属する構成会社等（その所在地国がわが国であるものに限る。）である内国法人，特定多国籍企業グループ等に係る共同支配会社等（その所在地国がわが国であるものに限る。）である内国法人，特定多国籍企業グループ等に属する恒久的施設等を有する構成会社等である外国法人，特定多国籍企業グループ等に係る恒久的施設等を有する共同支配会社等である外国法人又は過去対象会計年度において特定多国籍企業グループ等に属する構成会社等若しくは特定多国籍企業グループ等に係る共同支配会社等であった一定の法人をいう。

2　提供義務の免除

　特定多国籍企業グループ等の最終親会社等（指定提供会社等を指定した場合には，指定提供会社等）の所在地国の税務当局がその特定多国籍企業グループ等に係るグループ国内最低課税額報告事項等の提供をわが国に対して行うことができると認められるときは，そのグループ国内最低課税額報告事項等の提供義務者である法人の提供義務は免除される。

3　その他

　グループ国内最低課税額報告事項等の提供義務者が複数ある場合の提供義務の免除，最終親会社等届出事項の提供，罰則等については，現行の特定多国籍企業グループ等報告事項等の提供制度と同様とする。

Q-15　各創設される制度の適用関係

上記の令和7年度改正で創設される各制度の適用関係はどのようになるのか。

A

　創設される各制度の適用関係は，次のとおりである。

　各対象会計年度の国内最低課税額に対する法人税は，法人の令和8年4月1日以後に開始する対象会計年度から適用になる。

　国内最低課税額に係る特定基準法人税額に対する地方法人税は，法人の令和8年4月1日以後に開始する課税対象会計年度から適用する。

　「グループ国内最低課税額報告事項等の提供制度」の改正は，法人の令和8年4月1日以後に開始する対象会計年度に係るグループ国内最低課税額報告事項等について適用する。

7 その他の国際課税における見直し等

Q-16 改正の内容
その他の国際課税について，どのような見直し等が行われるのか。

A

国際課税におけるその他の見直しや手当については，次の表のとおりである。

■その他の国際課税関係の見直し・手当

| (1) 外国子会社合算税制の見直し（措法66の6） | ① 内国法人に係る外国関係会社の各事業年度に係る課税対象金額等に相当する金額は，その内国法人の収益の額とみなして，その事業年度終了の日の翌日から4月（現行：2月）を経過する日を含むその内国法人の各事業年度の所得の金額の計算上，益金の額に算入する。
② 申告書に添付又は保存をすることとされている外国関係会社に関する書類の範囲から次に掲げるものを除外する。
・株主資本等変動計算書及び損益金の処分に関する計算書
・貸借対照表及び損益計算書に係る勘定科目内訳明細書
③ 居住者に係る外国子会社合算税制及び特殊関係株主等である内国法人に係る外国関係法人に係る所得の課税の特例等の関連制度につき，上記①及び②と同様の見直しを行う。
(注1) 上記の改正は，内国法人の令和7年4月1日以後に開始する事業年度に係る外国関係会社の課税対象金額等（その外国関係会社の同年2月1日以後に終了する事業年度に係るものに限る。）について適用する。 |

	（注２） 内国法人の令和７年４月１日前に開始した事業年度に係る外国関係会社の課税対象金額等（その外国関係会社の令和６年12月１日から令和７年１月31日までの間に終了する事業年度に係るものに限る。）について，その外国関係会社の事業年度終了の日の翌日から４月を経過する日を含むその内国法人の同年４月１日以後に開始する事業年度において外国子会社合算税制の適用を受けることができる経過措置が手当てされる。 地方税についても，上記国税の取扱いに準じた措置が手当てされる。
(2) 本関係規定は創設される。	令和９年に開催される2027年国際園芸博覧会の公式参加者等に係る課税の特例を創設する。 ① 令和９年に開催される2027年国際園芸博覧会の公式参加者及びその公式参加者の博覧会関連業務を行う一定の外国法人（「公式参加者等」）並びに博覧会国際事務局の一定の恒久的施設帰属所得等については，法人税を課さない。 ② 公式参加者等に勤務する非居住者等及び博覧会国際事務局の事務局長等である非居住者の一定の給与については，所得税を課さない。 ③ 上記①の公式参加者等又は博覧会国際事務局の法人税の課税対象とされる国内源泉所得に係る所得の金額の全部につき法人税が非課税とされる場合に確定申告書等の提出を不要とする措置を講ずる。 ④ 地方税も同様な措置を手当てする。

Ⅶ 納税環境整備

1 電子帳簿等保存制度の見直し

Q-1 改正の概要

今回，電子帳簿等保存制度の見直しが行われたと聞くが，どのような見直しがされたのか。

A

今回，電子取引の取引情報に係る電磁的記録の保存制度について，次の見直しが行われる。

① 電子取引の取引情報に係る電磁的記録に記録された事項に，隠蔽し，又は仮装された事実に基づき期限後申告等があった場合の重加算税の割合を10％加重する措置（電磁的記録に係る重加算税の加重措置）の除外規定を設ける。

② 上記①の改正に伴い，所得税の青色申告特別控除の控除額65万円の適用要件についての所要の措置を講じる。

Q-2 電磁的記録に係る重加算税の加重措置の除外規定

電子取引の取引情報に係る電磁的記録の保存制度について，隠蔽又は仮装された事実に基づき期限後申告等があった場合の重加算税の加重措置の除外規定が改正されるとのことだが，具体的にはどのような改正か。

A

申告所得税，法人税及び消費税における電子取引の取引情報に係る電磁的記録に記録された事項に関し，隠蔽し，又は仮装された事実に基づき期限後申告等があった場合における，その記録された事項に関し生じた申告

漏れ等に課される重加算税の割合を10％加重する措置の対象から，特定電磁的記録であって，その保存が次に掲げる要件を満たしている場合におけるその特定電磁的記録を除外する。なお，あらかじめ，その特定電磁的記録について届出書を提出している場合に限る。
① その電子取引の取引情報に係る電磁的記録の記録事項について訂正又は削除を行った事実及び内容を確認することができる特定電子計算機処理システムを使用してその電磁的記録の授受及び保存を行うこと。

　なお，特定電子計算機処理システムには，訂正又は削除を行うことができないものを含む。
② その電子取引の取引情報に係る電磁的記録の記録事項（金額に係るものに限る。）を訂正又は削除を行った上で国税関係帳簿に係る電磁的記録等に記録した場合には，その訂正又は削除を行った事実及び内容を確認することができる特定電子計算機処理システムを使用してその電磁的記録の授受及び保存を行うこと。

　なお，特定電子計算機処理システムには，訂正又は削除を行った上で国税関係帳簿に係る電磁的記録等に記録することができないものを含む。
③ その電子取引の取引情報に係る電磁的記録の記録事項とその取引情報に関連する国税関係帳簿に係る電磁的記録等の記録事項との間において，相互にその関連性を確認することができるようにしておくこと。

　なお，電子取引の取引情報は，請求書・納品書等の重要書類に通常記載される事項に限る。
④ 上記①及び②の特定電子計算機処理システムを使用してその電子取引の取引情報に係る電磁的記録の授受及び保存を行ったことを確認することができるようにしておくこと。

Q-3　所得税の青色申告特別控除額65万円の適用要件についての所要の措置

電子取引の取引情報に係る電磁的記録の保存制度について，所得税の青色申告特別控除額65万円の適用要件の改正が行われたとのことだが，これはどのような改正か。

A

上記Q-2の改正に伴い，所得税の青色申告特別控除の控除額65万円の適用要件について，仕訳帳等につき国税の納税義務の適正な履行に資するものとして一定の要件を満たす電磁的記録の保存等を行っていることに代えて，特定電子計算機処理システムを使用するとともに，電子取引の取引情報に係る電磁的記録（特定電磁的記録に限る。）のうちその保存がその特定電子計算機処理システムを使用して前記Q-2の要件（Q-2の届出書に係る要件を含む。）を満たすことができるものは，その要件に従って保存を行うことを可能とする改正である。

Q-4　特定電磁的記録とは

Q-2に示されている特定電磁的記録とは，どのような記録か。

A

「特定電磁的記録」とは，次に掲げる電磁的記録をいう。
① 　保存要件に従って保存が行われている電子取引の取引情報に係る電磁的記録
② 　災害その他やむを得ない事情により，保存要件に従って電子取引の取引情報に係る電磁的記録の保存をすることができなかったことを証明した場合又は納税地等の所轄税務署長が保存要件に従ってその電磁的記録の保存をすることができなかったことについて相当の理由があると認め

た一定の場合に，保存要件にかかわらず保存が行われているその電磁的記録

Q-5 特定電子計算機処理システム

今回の改正で示されている「特定電子計算機処理システム」とは，どのようなシステムか。

A

「特定電子計算機処理システム」とは，国税庁長官の定める基準に適合する電子計算機処理システムをいい，その「国税庁長官の定める基準」は，次に掲げるいずれかの電磁的記録（特定電磁的記録に限る。）を前記**Q-2**に掲げる要件に従って保存を行うことができる機能を有していることとする。

① 仕入明細書又は適格請求書に記載すべき事項に係る電磁的記録の仕様としてデジタル庁が管理するものに従って提供された電子取引の取引情報に係る電磁的記録

② 金融機関等のいずれかに預金口座又は貯金口座を開設している預金者又は貯金者の委託を受けて，その金融機関等が行うこれらの口座に係る資金を移動させる為替取引の取引情報に係る電磁的記録

Q-6 適用時期

今回の電子帳簿等保存制度の見直しは，いつから適用されるのか。

A

Q-2の改正は，令和9年1月1日以後に法定申告期限等が到来する国税について適用する。

Q-3の改正は，令和9年分以後の所得税について適用する。

2 納税通知書等に係るeLTAX経由での送付

Q-7　eLTAX経由での納税通知書等の送付
地方税の納税通知書等を，eLTAX経由での送付をできるようにする改正が行われるようだが，具体的にはどのような改正か。

A

　地方税関係通知のうち，固定資産税，都市計画税，自動車税種別割及び軽自動車税種別割の納税通知書等について，電子的に副本を送付することができるよう，次の措置が講じられる。
① 　納税通知書等を受けた者が電磁的方法による提供を希望する旨の申出をしたときは，地方公共団体は，その納税通知書等により通知した事項を，eLTAXを経由し，その申出をした者に提供することができることとする。
② 　過去に上記①の申出をした者に対して，同種の納税通知書等を送達するときは，地方公共団体は，その納税通知書等により通知する事項を，eLTAXを経由し，その者に提供することができることとする。

Q-8　電子的に副本を送付する通知の範囲
電子的に副本を送付することができる地方税関係通知の範囲は，どのようになっているのか。

A

　電子的に副本を送付することができる地方税関係通知の範囲は，固定資産税，都市計画税，自動車税種別割及び軽自動車税種別割の納税通知書及び納付書等のこれに附属する通知となる。

なお納税通知書には，課税明細書，更正決定通知書及び税額変更通知書を含むものとなる。

Q-9 適用時期

今回の納税通知書等に係るeLTAX経由での送付の改正は，いつから適用されるのか。

A

上記の改正の適用時期は，次のとおりとなる。
① 法人に対して送達する納税通知書等については，令和9年4月1日以後に送達するものから適用する。
② 個人に対して送達する納税通知書等については，令和10年4月1日以後に送達するものから適用する。

Q-10 今後の注目点

今後，法案や政令でどのようなことを注視しておくべきか。

A

今回の改正点ではないが，今後，電子的に副本を送付することができる地方税関係通知の範囲が4税目以外に広がるのか，注視すべきである。

③ 添付書面等記載事項等のスキャナ読取りの見直し

Q-11 添付書面等記載事項等のスキャナ読取りの見直し

今回の改正で，添付書面等記載事項等のスキャナ読取りの見直しが行われるとのことだが，どのように見直されるのか。

A

e-Taxにより，申請書面等に記載すべき事項及び添付書面等に記載されている事項又は記載すべき事項を，スキャナによる読取り等により作成した電磁的記録（いわゆる「イメージデータ」）で送信する場合等の要件について，次の措置が講じられる。

① その読取り等の要件を，現行の赤色，緑色及び青色の階調がそれぞれ256階調以上であることから，白色から黒色までの階調が256階調以上であることとする。

② そのファイル形式にJPEG（JPG）形式を加える。

Q-12 見直しに伴うシステム改修

添付書面等記載事項等のスキャナ読取りの見直しにともない，システムの改修はあるのか。

A

上記**Q-11**の改正に伴い，次のシステム改修が行われる。

① e-Taxにより申請等を行う際の送信可能なデータ容量を拡大するためのシステム改修

② 令和6年度税制改正で措置することとされた「GビズIDとの連携によるe-Taxの利便性の向上」について，GビズIDメンバーを活用して，

③ 添付書面等記載事項等のスキャナ読取りの見直し　187

企業の内部統制を担保しつつ、e-Taxの利便性のさらなる向上に向けたシステム改修

> **Q-13　適用時期**
> 今回の添付書面等記載事項等のスキャナ読取りの見直しは、いつから適用されるのか。

A

前記**Q-11**②の改正は、令和10年1月1日から施行される。

【付録】

令和7年度税制改正の大綱　QRコード

「令和7年度税制改正の大綱」(令和6年12月27日　閣議決定)については，財務省のホームページをご覧ください。
　URLは下記のとおりです。QRコードもご用意しました。

■令和7年度税制改正の大綱
　(財務省HP＞政策一覧＞税制＞毎年度の税制改正＞税制改正の概要)

○PDF版

https://www.mof.go.jp/tax_policy/tax_reform/outline/fy2025/20241227taikou.pdf

QRコード

目次　一　個人所得課税　　　　　　p 1
　　　二　資産課税　　　　　　　　p 20
　　　三　法人課税　　　　　　　　p 34
　　　四　消費課税　　　　　　　　p 58
　　　五　国際課税　　　　　　　　p 64
　　　六　防衛力強化に係る財源確保
　　　　　のための税制措置　　　　p 78
　　　七　納税環境整備　　　　　　p 82
　　　八　関税　　　　　　　　　　p 86

【著者紹介】　執筆分担

鹿志村　裕（かしむら　ゆたか）……資産課税・納税環境整備
税理士

昭和38年茨城県生まれ。昭和61年学校法人大原学園税理士課講師，平成２年熊谷安弘税理士事務所（現税理士法人熊谷事務所）入所。現在，東京税理士会，日本税務会計学会・税法部門常任委員。

主な著書は，『新事業承継税制のすべて』（右山研究グループ著）大蔵財務協会，『イチからはじめる相続税実務の基礎』税務経理協会など。

熊王　征秀（くまおう　まさひで）……消費課税
税理士

昭和37年山梨県出身。学校法人大原学園に在職中，酒税法，消費税法の講座を創設。その後，会計事務所勤務を経て税理士登録，独立開業。現在，東京税理士会・会員相談室委員，日本税務会計学会委員，東京地方税理士会・税法研究所研究員，大原大学院大学教授。

主な著書は，『消費税法講義録（第４版）』中央経済社，『６訂版 消費税インボイス対応要点ナビ』日本法令，『四訂　不動産の取得・賃貸・譲渡・承継の消費税実務』清文社など。

嶋　協（しま　かのう）……個人所得課税
税理士

昭和36年青森県八戸市出身。山本守之税理士事務所へ勤務後，嶋税理士事務所開業。

現在，日本税務会計学会・訴訟部門委員，東京税理士会・会員相談室委員（消費税担当），東京地方税理士会・税法研究所研究員（法人税担当）。青山学院大学大学院法学研究科（ビジネス法務専攻科）講師。

主な著書は，『相談事例でみる中小・同族会社の税務対策［第２版］』中央経済社，『税務調査で問題になる法人税・消費税の税務処理対策』日本実業出版社，『経理マン・税理士からの相談事例による間違えやすい法人税・消費税の実務ポイント［六訂版］』税務研究会，『法人税申告の実務全書』（共著）日本実業出版社など。

藤曲　武美（ふじまがり　たけみ）……法人課税・国際課税
税理士，早稲田大学大学院法務研究科（法科大学院）講師などを経て，現在，日本税務会計学会・学会長，東京税理士会・会員相談室委員。

主な著書は，『新訂 税の基礎』経済法令研究会，『法人税実務の新基軸・寄附金』税務経理協会，『役員給与税制の実務－法令解釈と適用上の問題点』（共著）中央経済社，『事件記録に学ぶ税務訴訟』（共著）判例タイムズ社，『検証 税法上の不確定概念』（共著）中央経済社，『新版 検証 納税者勝訴の判決』（共著）税務経理協会，『収益認識の税務』中央経済社，『早わかり東日本大震災の税務』中央経済社など。

早わかり令和7年度税制改正のすべてQ&A

2025年3月10日　第1版第1刷発行

著　者　鹿　志　村　　　裕
　　　　熊　　王　　征　　秀
　　　　嶋　　　　　　　協
　　　　藤　　曲　　武　　美
発行者　山　　本　　　　継
発行所　㈱中央経済社
発売元　㈱中央経済グループ
　　　　パブリッシング

〒101-0051　東京都千代田区神田神保町1-35
電　話　03（3293）3371（編集代表）
　　　　03（3293）3381（営業代表）
https://www.chuokeizai.co.jp
印刷・製本／文唱堂印刷㈱

Ⓒ 2025
Printed in Japan

頁の「欠落」や「順序違い」などがありましたらお取り替えいたしますので発売元までご送付ください。（送料小社負担）
ISBN978-4-502-54011-0 C3034

JCOPY〈出版者著作権管理機構委託出版物〉本書を無断で複写複製（コピー）することは、著作権法上の例外を除き、禁じられています。本書をコピーされる場合は事前に出版者著作権管理機構（JCOPY）の許諾を受けてください。
JCOPY〈https://www.jcopy.or.jp eメール：info@jcopy.or.jp〉

プロの視点で最終チェック！

図解・表解
相続税申告書の記載チェックポイント
（第4版）

渡邉 定義 [監修]
天池 健治・衞藤 正道・中山 眞美・
藤井 孝昌・村上 晴彦 [著]　　定価3,520円（税込）・B5判・364頁

相続税申告実務の手引きの定番書！

相続手続に関係する税務申告を書式の記載例とともに詳しく解説する相続税務の手引書の最新版。5年ぶりの改訂で，2019年以降の相続手続に関係する制度改正をフォロー。

【本書の特徴】
◎誤りやすい事項を，チェックポイントで解説！
◎相続にともなう遺産分割協議書や遺言書についても解説！
◎所得税や消費税の準確定申告，相続税の修正申告・更正の記載方法も網羅！

■本書の内容
第1章　相続の概要
第2章　相続税の納税義務者
第3章　相続税の概要
第4章　相続税がかからない財産
第5章　相続税が課税される財産
第6章　相続税の課税財産の特例
第7章　相続財産に加算される贈与財産
第8章　相続財産から差し引かれる債務・
　　　　葬式費用
第9章　各相続人の相続税額の計算
第10章　税額控除
第11章　相続税の申告と納税
第12章　修正申告
第13章　更正の請求
第14章　相続に関連する税務手続き

中央経済社

●実務・受験に愛用されている読みやすく正確な内容のロングセラー！

定評ある税の法規・通達集シリーズ

所得税法規集
日本税理士会連合会
中央経済社 編

❶所得税法 ❷同施行令・同施行規則・同関係告示 ❸租税特別措置法（抄）❹同施行令・同施行規則・同関係告示（抄）❺震災特例法・同施行令・同施行規則（抄）❻復興財源確保法（抄）❼復興特別所得税に関する政令・同省令 ❽能登半島特法・同施行令 ❾災害減免法・同施行令（抄）❿新型コロナ税特法・同施行令・同施行規則・同関係告示 ⓫国外送金等調書提出法・同施行令・同施行規則・同関係告示

所得税取扱通達集
日本税理士会連合会
中央経済社 編

❶所得税取扱通達（基本通達／個別通達）❷租税特別措置法関係通達 ❸国外送金等調書提出法関係通達 ❹災害減免法関係通達 ❺震災特例法関係通達 ❻新型コロナウイルス感染症関係通達 ❼索引

法人税法規集
日本税理士会連合会
中央経済社 編

❶法人税法 ❷同施行令・同施行規則・法人税申告書一覧表 ❸減価償却耐用年数省令 ❹法人税法関係告示 ❺地方法人税法・同施行令・同施行規則 ❻租税特別措置法（抄）❼同施行令・同施行規則・同関係告示 ❽震災特例法・同施行令・同施行規則（抄）❾復興財源確保法（抄）❿復興特別法人税に関する政令・同省令 ⓫新型コロナ税特法・同施行令 ⓬租特透明化法・同施行令・同施行規則

法人税取扱通達集
日本税理士会連合会
中央経済社 編

❶法人税取扱通達（基本通達／個別通達）❷租税特別措置法関係通達（法人税編）❸減価償却耐用年数省令 ❹機械装置の細目と個別年数 ❺耐用年数の適用等に関する取扱通達 ❻震災特例法関係通達 ❼復興特別法人税関係通達 ❽索引

相続税法規通達集
日本税理士会連合会
中央経済社 編

❶相続税法 ❷同施行令・同施行規則・同関係告示 ❸土地評価審議会令・同省令 ❹相続税法基本通達 ❺財産評価基本通達 ❻相続税法関係個別通達 ❼租税特別措置法（抄）❽同施行令・同施行規則（抄）・同関係告示 ❾租税特別措置法（相続税法の特例）関係通達 ❿震災特例法・同施行令・同施行規則（抄）・同関係告示 ⓫震災特例法関係通達 ⓬災害減免法・同施行令（抄）⓭国外送金等調書提出法・同施行令・同施行規則・同関係通達 ⓮民法（抄）

国税通則・徴収法規集
日本税理士会連合会
中央経済社 編

❶国税通則法 ❷同施行令・同施行規則・同関係告示 ❸同関係通達 ❹国外送金等調書提出法・同施行令・同施行規則 ❺租税特別措置法・同施行令・同施行規則（抄）❻新型コロナ税特法・同施行令 ❼国税徴収法 ❽同施行令・同施行規則・同告示 ❾滞調法・同施行令・同施行規則 ❿税理士法・同施行令・同施行規則・同関係告示 ⓫電子帳簿保存法・同施行令・同施行規則・同関係告示・同関係通達 ⓬デジタル手続法・同国税関係法令に関する省令・同関係告示 ⓭行政手続法 ⓮行政不服審査法 ⓯行政事件訴訟法（抄）⓰組織的犯罪処罰法（抄）⓱没収保全と滞納処分との調整令 ⓲犯罪収益規則（抄）⓳麻薬特例法（抄）

消費税法規通達集
日本税理士会連合会
中央経済社 編

❶消費税法 ❷同別表第三等に関する法令 ❸同施行令・同施行規則・同関係告示 ❹消費税法基本通達 ❺消費税申告書様式等 ❻消費税法等関係取扱通達等 ❼租税特別措置法（抄）❽同施行令・同施行規則（抄）・同関係通達 ❾消費税転嫁対策法・同ガイドライン ❿震災特例法・同施行令（抄）・同関係告示 ⓫震災特例法関係通達 ⓬新型コロナ税特法・同施行令・同施行規則・同関係告示 ⓭税制改革法等 ⓮地方税法（抄）⓯同施行令・同施行規則（抄）⓰所得税・法人税政省令（抄）⓱輸徴法令 ⓲関税法令（抄）・同関係告示 ⓳関税定率法令（抄）⓴国税通則法令・同関係告示 ㉑電子帳簿保存法令

登録免許税・印紙税法規集
日本税理士会連合会
中央経済社 編

❶登録免許税法 ❷同施行令・同施行規則 ❸租税特別措置法・同施行令・同施行規則（抄）❹震災特例法・同施行令・同施行規則（抄）❺印紙税法 ❻同施行令・同施行規則 ❼印紙税法基本通達 ❽租税特別措置法・同施行令・同施行規則（抄）❾印紙税額一覧表 ❿震災特例法・同施行令・同施行規則（抄）⓫震災特例法関係通達等

中央経済社